上海话俗语系列

洋泾浜图说

李阿毛／文　董天野／图

主编／钱乃荣　黄晓彦

上海大学出版社

图书在版编目(CIP)数据

洋泾浜图说 / 李阿毛文；董天野图 . —上海：上海大学出版社，2015.7
（上海话俗语系列 / 钱乃荣，黄晓彦主编）
ISBN 978-7-5671-1784-6

Ⅰ.①洋… Ⅱ.①李… ②董… Ⅲ.①吴语-俗语-上海市 Ⅳ.①H173

中国版本图书馆 CIP 数据核字（2015）第 161701 号

责任编辑　黄晓彦
封面设计　张天志

洋泾浜图说

李阿毛/文　董天野/图
上海大学出版社出版发行
（上海市上大路99号　邮政编码200444）
（http://www.press.shu.edu.cn　发行热线021-66135112）
出版人：郭纯生

*

南京展望文化发展有限公司排版
上海上大印刷有限公司印刷　各地新华书店经销
开本 787×960　1/16　印张 17　插页 2　字数 278 000
2015年9月第1版　2015年9月第1次印刷

ISBN 978-7-5671-1784-6/H ·309　定价：30.00元

前　言

上海话又称沪语,是吴语的代表方言,是上海本土文化的重要根基,承载着上海这座城市的历史回音、文化血脉、时代记忆。上海话是最早接受了近现代世界文明洗礼的,又汇聚了江南文化风俗的大方言,尤其在民间活跃的思维中不断创造出的大量极具海派特色的民间俗语,这些鲜活的上海话俗语,对社会生活有极大的概括力,有着深厚的文化积淀。

这次我们从20世纪30至40年代上海出版的小报中,囊括了当年以连载形式发表标于"上海俗语"总纲下的诠释文字,这些被当年小报上文人称作"上海俗语"的语词,其实是广博多彩的上海话俗语中的一小部分,反映的是上海这座大都市的方言、社会的一角面貌。

1932年由汪仲贤撰文、许晓霞绘图的《上海俗语图说》最早在上海小报上连载,首开把上海话的一些坊间俚言俗语以"俗语图说"连载的形式。这些俗语和漫画展现了当时上海的风土人情和上海人生百态之一部分,可谓上海"浮世绘"之一角风景。之后效颦者颇多,各种小报上洋场作家不断对上海话的一些俗语进行演绎诠释。

这些"上海俗语"总纲下的诠释文字,其中连载比较完整的作品有十部:《上海俗语图说》《上海俗语图说续集》(汪仲贤文、许晓霞图),《洋泾浜图说》(李阿毛文、董天野图),《上海新俗语图说》(尉迟梦文、陈青如图),《上海闲话新篇》(姜太公文),《新语林》(浅草文),《海派俗语图解》(萧萧文、江郎图),《舞场俗语图解》(亚凯文、徐润图),《舞场术语图解》(尤金文、佩卿图),《骂人辞典》(之明文)。

这些作品合计约190多万字,共有1 150多篇上海话俗语文章,插图800多幅,内容大多秉持"俗语图说"的形式,文图俱佳。根据上述作品的具体情况,现整理出版取名为《上海俗语图说》《上海俗语图说续集》《洋泾浜图说》《上海话俗语新编》《海派俗语图解》五部作品,其中前三部独立成编,后两部为作品汇编。

这次整理出版这些上海话俗语,本着尊重历史再现历史的原则,尽可能保持原来作品的历史风貌。主要特色如下:

一是全面交代了各部作品的来源,做到有典可查,便于后来者深入研究,同时对于作者也尽可能加以介绍。

二是对早年出版过的作品进行比对考证，如1935年版的《上海俗语图说》，其中两篇文章不是汪仲贤撰文，重新整理出版时进行了说明以防"以讹传讹"；对文章发表时的变化过程也进行了说明，以有助于全面反映当时的时代背景及其发表真相。

三是完全按照文章当时刊发顺序编排，真实再现作品历史风貌及作者创作心路历程。对于个别篇目只有标题而没有正文的或序号跳跃的均加以注明。值得一提的是1935年版的《上海俗语图说》一书，文中涉及前面交代的内容会以"见第×篇"表述，因未按刊发顺序编排，无法找到相关内容。本次重新整理出版，完全按照刊发顺序编排，再现历史真貌。

四是除对明显错字做了更正外，语言风格、用字、标点符号等都一并按旧。对一些看不清楚的字，用"□"符号标注。对于现今在普通话用字中作为异体字取消，但在上海方言中含义或用法不同的字，仍以原字面貌出现，如"眲、搨、捱"等字。有的字是当年的通用写法，也一应如旧，如"帐目、服贴、陪笑、搁楼、如雷灌耳"。有的词条在原文中有不同写法，均不作改动，如"小瘪三""小毕三"，"出风头""出锋头"，"吃牌头""吃排头"，"搅七廿三""搅七拈三"。如此则有助于了解当时的语言文字变迁，且对于语言、民俗、文化、社会等各界研究亦具有重要的文献价值。

五是把竖排繁体字改为横排简体字，书前加了目录，还配以上海话俗语篇目笔画索引方便查找，使得新版不仅具有一定的文献历史价值，更适合社会广大读者阅读。

这次整理出版的"上海话俗语系列"中的文章，原载于20世纪三四十年代，表现了当年上海小报文笔流畅活泼的语言风格，且反映了上海下层社会的种种文化和生活面貌，在解说中不时流露出对社会中的丑恶现象的不满，所暴露的事实对我们了解分析当年社会面貌具有深刻的认识作用。但也有作者在有些诠释中较多涉及社会的阴暗面，有些词语不免粗俗。这些缺陷，相信读者自能鉴别。还要说明的是，作者在诠释上海话俗语中，带有故事性，故对有的词语的介绍不一定是此词语的出典来历，使用的上海方言用字也未必都准确。

钱乃荣　黄晓彦
2015年7月22日

出版说明

民国时期就有作家在上海小报上对上海话俗语进行诠释。1932年由汪仲贤撰文、许晓霞绘图的《上海俗语图说》首开把上海话俗语以"俗语图说"形式表现的先河,全面诠释上海话俗语,文章刊发后受到读者的极大欢迎。之后洋场作家不断演绎撰述,其中最著名的连载当数李阿毛的《洋泾浜图说》。

一、关于作者李阿毛

作者李阿毛,实是大名鼎鼎的徐卓呆先生。《社会日报》在民国廿五年三月三十日第四版载文:"提起徐卓呆先生,在十多年前的中国文坛剧坛上,便是无人不知了。可是近年来李阿毛博士的牌子,更是大红特红,真是妇孺皆知。这李阿毛博士,便是徐卓呆先生的化名。"此段文字,揭开了李阿毛的身世之谜。

徐卓呆(1881—1958),原名徐傅霖,号筑岩,别号半梅,江苏吴县人。电影理论家、剧作家、小说家、表演家。早年东渡日本,攻读体育,后因爱好文艺转而主要从事文艺创作及影视编导。自1906年就开始演剧活动和撰写白话短篇,民国初年在上海开演文明戏和趣剧,善于从新时代市民社会生活中发掘题材,演出大量滑稽段子并被制成唱片出版。1925年,他与"上海俗语图说"大家汪仲贤先生合作创办开心影业公司,并参与多部影片的创作、编导、演出与拍摄。以后长期创作长篇、短篇小说,被誉为"文坛笑匠"和"东方卓别林"。他的《影戏学》是中国第一部电影理论著作。

二、《洋泾浜图说》一书特色

《洋泾浜图说》一书收录上海话俗语篇目多,且内容"与时俱进"。在该书作者写的"结束语"中可见一斑:"在十五年前,亡友汪仲贤兄,写过上海俗语图解,计共二百四十则,我现在比他多了十则,并不是我硬要与死人别苗头,因为我的以'二百五'为结束,是老早就预定的。我与汪君的作品比较,当然我是东施效颦,实在比不上,不过二者相比,颇有许多不同之处:㈠汪君写在十五年之前,而此十五年内所产生之新语,这是汪君著作中没有的,我都尽量把它容纳下去了。㈡旧有之俗语而为汪君所漏去者,我也设法录入。㈢汪君已采用者,如果我与他见解不同的,我也曾采取在内。"《洋泾浜图说》可以说是《上海俗语图说》的姐妹篇。

三、本次整理出版的新意

本次整理出版上海话俗语,严格遵循尊重历史再现历史的原则。一是完全按照《洋泾浜图说》当时在报纸上刊发连载的顺序编排(原文刊于《飞报》,民国卅七年八月廿九日至民国卅八年五月十六日);二是除对原文的明显错字做了更正外,对无法辨识的部分文字,用"□"符号加以标示,尽可能再现时代历史背景下的文章原来的语言、文字面貌,有助于全方位真实了解现作品风貌及作者创作的心路历程,且对于语言、民俗、文化、社会等各界研究亦具有一定的文献价值;三是为了让更多的读者阅读受益,本次整理出版时,把竖排繁体字改为横排简体字,书前加了目录,并配以上海话俗语篇目笔画索引方便查找。

编　者

2015年7月18日

目 录*

小霸王庄掌故 1	二〇	自说自话 21
一　糟兄 2	二一	老大 22
二　贼腔 3	二二	臭盘 23
三　触祭 4	二三	假老鸢 24
四　吃瘪 5	二四	老口失匹 25
五　吞头 6	二六	摆堆老 26
六　牙签 7	二七	洋盘 27
七　小开 8	二八	茄门 28
八　讲经头 9	二九	黄牛 29
九　老毛 10	三〇	硬伤 30
一〇　穷爷 11	三一	翁中 31
一一　末老 12	三二	挨城门 32
一二　吃排头 13	三三	出松 33
一三　照牌头 14	三四	魁色 34
一四　三点水 15	三五	穷并包 35
一五　拖车 16	三六	触壁脚 36
一六　吃得死脱 17	三七	弗领盆 37
一七　阿桂姐 18	三八	血血叫 38
一八　萝卜头 19	三九	搭壳子 39
一九　宿货 20	四〇	脱底 40

* 编者注：所有篇目完全按照当时刊发连载顺序编排，其中第25篇和第197篇没有发现。

洋泾浜图说 | 1

四一	打过明白	41
四二	吃价	42
四三	照子过腔	43
四四	勃头颈	44
四五	跌囚牢	45
四六	PAWN	46
四七	落门落槛	47
四八	搁血	48
四九	交落	49
五〇	蜡烛	50
五一	摆华容道	51
五二	大亨	52
五三	拔苗头	53
五四	温功	54
五五	装由头	55
五六	太平山门	56
五七	弗摸鸾	57
五八	戚门陆氏	58
五九	冷气黄鱼	59
六〇	老爷	60
六一	酥桃子	61
六二	吓坏人	62
六三	吃豆腐	63
六四	邱路角	64
六五	孵豆芽	65
六六	摘台型	66
六七	派头九十六	67
六八	别头寸	68
六九	扮跌相	69
七〇	嘴五舌六	70
七一	放龙	71
七二	黄坤山	72
七三	发嗲	73
七四	老举三	74
七五	一脚踢	75
七六	杠皮	76
七七	弹琴	77
七八	囤乱	78
七九	小儿科	79
八〇	王牌	80
八一	吊儿郎当	81
八二	受触	82
八三	有种	83
八四	看过看伤	84
八五	名件	85
八六	开花	86
八七	灰钿	87
八八	开后门	88
八九	热络	89
九〇	鬼讨好	90
九一	硬黄	91
九二	泰山	92
九三	卵皮面孔	93
九四	吃生活	94
九五	半刁子	95
九六	开方子	96
九七	工钿	97
九八	装洋	98
九九	朗声	99
一〇〇	揿眼药	100

一〇一	一〇一	101
一〇二	豁边	102
一〇三	户头	103
一〇四	走油	104
一〇五	吃屑	105
一〇六	老门槛	106
一〇七	白老虎	107
一〇八	服贴	108
一〇九	刮皮	109
一一〇	赤老蹦	110
一一一	吃闪	111
一一二	翻门槛	112
一一三	弹硬	113
一一四	瞎乱斗	114
一一五	搅七拈三	115
一一六	一只袜	116
一一七	过期票子	117
一一八	吃血	118
一一九	劈霸	119
一二〇	朝阳码子	120
一二一	滑显	121
一二二	插蜡烛	122
一二三	还槽	123
一二四	剪边	124
一二五	顶山头	125
一二六	横斗	126
一二七	开条斧	127
一二八	照会	128
一二九	吃得开	129
一三〇	咸肉	130
一三一	另有一功	131
一三二	和调	132
一三三	臭嘴	133
一三四	削老	134
一三五	极灵牌	135
一三六	光棍	136
一三七	落胃	137
一三八	识相	138
一三九	花瓶	139
一四〇	吃斗	140
一四一	甩翎子	141
一四二	触铲	142
一四三	横竖横	143
一四四	小抖乱	144
一四五	搭脉	145
一四六	拿橘	146
一四七	狗皮倒灶	147
一四八	扎硬	148
一四九	败兆	149
一五〇	程麻皮房子	150
一五一	翻底牌	151
一五二	急棍	152
一五三	拉台子	153
一五四	失风	154
一五五	白虎	155
一五六	浪点子	156
一五七	搭浆	157
一五八	鸭屎臭	158
一五九	海外	159
一六〇	犹太	160

一六一 揩油	161	一九一 崇腔	191
一六二 白相人嫂嫂	162	一九二 发甲	192
一六三 定头货	163	一九三 别苗头	193
一六四 屎裤子	164	一九四 卖样三千	194
一六五 老枪	165	一九五 吃相	195
一六六 捞横荡	166	一九六 踢皮球	196
一六七 脚蹚脚	167	一九八 飞机头	197
一六八 吊膀子	168	一九九 装洋吃相	198
一六九 锡箔灰	169	二〇〇 吃精码子	200
一七〇 滑脚	170	二〇一 乱人	201
一七一 小房子	171	二〇二 打野鸡	202
一七二 寿星寡老	172	二〇三 出风头	203
一七三 先生	173	二〇四 虫囊子	204
一七四 带歪	174	二〇五 炒冷饭	205
一七五 卵子劲	175	二〇六 叫开	206
一七六 老举	176	二〇七 大物事	207
一七七 吃得光	177	二〇八 赶猪猡	208
一七八 夏侯惇	178	二〇九 霍血	209
一七九 填刀头	179	二一〇 走开	210
一八〇 伸梢	180	二一一 弗塞头	211
一八一 闲话一句	181	二一二 兜得转	212
一八二 生意浪	182	二一三 三吓头	213
一八三 吞头	183	二一四 换季	214
一八四 赤老	184	二一五 角落山姆	215
一八五 吃冤家	185	二一六 弗尖俏	216
一八六 调枪虾	186	二一七 搀依瞎子	217
一八七 闯穷祸	187	一二八 头子活	218
一八八 起码人	188	二一九 和老	219
一八九 燕子窠	189	二二〇 臭混俏	220
一九〇 跟屁头	190	二二一 黑吃黑	221

二二二	天晓得	222
二二三	弗推板	223
二二四	眼开眼闭	224
二二五	谈老三	225
二二六	牵丝	226
二二七	老调	227
二二八	通天	229
二二九	蟹脚	230
二三〇	受黄	231
二三一	打朋	232
二三二	黄陆	233
二三三	斋爸	234
二三四	屈死	236
二三五	窜头	237
二三六	有难过	238
二三七	拉皮条	239
二三八	穷打阿二头	240
二三九	吃乖血	241
二四〇	色霉	243
二四一	避锋头	244
二四二	走样	245
二四三	呕霸	246
二四四	合药	247
二四五	放野火	248
二四六	噱头	249
二四七	养相	250
二四八	溜屁眼	251
二四九	吹牛腮	252
二五〇	二百五	253

结束谈......254

附　篇目笔画索引......255

小霸王庄掌故

有时还成帮到别处去，与当地儿童寻衅，一言不合动手就打，人家都不是他们的对手，几场架打过以后，他们声势愈大，啸聚的青年，也愈多了。他们自称小霸王庄。

后来小霸王再举了首领，推了军师，势力渐渐扩充到泥城桥范围以外去，除了本部与人战斗外，还替人包揽打架，吃讲茶，摆丹老等工作，起初他们为人家帮忙，都不取酬劳，只要请小霸王兄弟吃一顿好了，聚餐的馆子，都要由他们自己指，这家馆子，与他们通同一气，平常日子，他们在馆子里吃便饭，一向不破钞，须待与人家吃讲茶下来，有人请他们吃，中老板，才把

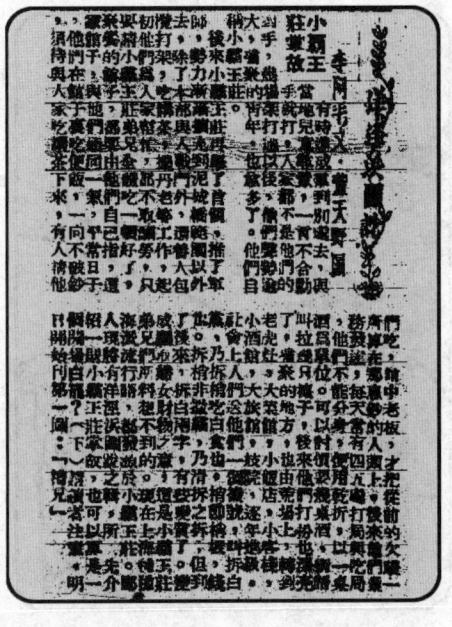

从前的欠账一齐算在那惠钞的人头上，后来他们业务发达，每天常有四五处打局与吃局，他们不能分身，便用干折，以一桌酒为单位，可以讨价要几桌酒，术语叫拉几只台子，后来他们打扮也漂亮了，啸聚的地方，也由荒场上，转到老虎灶，大菜馆，小饭店，小客栈，小酒馆，大旅馆，妓院，逐年进级。社会上人们送他们一个徽号，叫拆白党，乃拆梢吃白食也。梢即梢板，钱也。拆梢非撤霸，乃滑拆之拆，但到了后来，拆白两字，有些变质了。变成骗取妇女财物之意，这是小霸王庄弟兄们所料想不到的。现在上海种种海派流行语，都发源于小霸王庄。鄙人现将有洋泾浜图说之辑，所先介绍一则小霸王庄掌故，也可以算是一个开场白罢？（下）请读者注意，明天开始刊第一个："糟兄"。

一 糟兄

糟者,糟糕也,兄者,尊称也。兄而曰糟,言这位仁兄一言一动,无往而不糟糕也。此乃挖苦语。既曰挖苦语,何以加以尊称?须知尊称有正反面,老爷、尊称也,倒老爷即为挖苦语。伯伯,尊称也,贼伯伯猫伯伯,皆挖苦话。老先生尊称也,嘉定老先生即为挖苦语,阿爹尊称者,崇明人阿爹,便为挖苦语;所以糟兄之兄,完全为令人难受之尊称。

请女朋友看电影,摸出一张戏票来,误拿当票者,糟兄也。上厕出恭,束裤子时,将爱人照片,落入粪坑内者,糟兄也。跳舞时踏痛舞女脚上冻疮者,糟兄也。糟兄之种类甚多。市长登门劝捐则一毛不拔,被人检举汉奸则倾家荡产。这是糟味很透的糟兄。标准糟兄,当推水浒上武松的老兄武大郎,他兄弟再三叮嘱,还是抱不上树的鸭蛋。到自己去捉奸,反被西门庆一脚踢倒,后来索性被奸夫淫妇毒死,这位老兄,真是糟到不能再糟了。(明日刊第二图:"贼腔"。)

二 贼 腔

贼腔的腔字，不可读区巷切，应读作溪扬切，其声如勉强之强字，亦即高鼻头口中之CAN，而且虽称为腔，此腔无乐谱，所以耳不能闻；但说也奇怪，此腔倒可以用眼睛来看的。

这贼，非掘壁洞翻高头之贼，亦非摸袋袋之贼，乃贼脱嘻嘻之贼，贼皮搭脸之贼，贼头狗脑之贼，所以谓贼腔，就是一种贼脱嘻嘻贼皮搭脸贼头狗脑之混合神气，十八个画师也画不出之无声腔调。

凡恶形恶状形容不出的都可以称为贼腔。试举句对白来做个例如下："格件末老，身浪着仔一件花衬衫，洋琴鬼弗像洋琴鬼，阿要贼腔？"

"隔壁只寿星寡老，满口金牙子，赛过吃仔黄坤山，真正贼腔！"

"我闯到王小姐屋里，真吓坏人！俚困拉客堂间里避暑，打扮得贼腔得来，身浪只有一条三角裤，一副奶罩。"（明日刊第三图"触祭"）

三 触 祭

人对于食,称为"吃";但对于鬼的食,就称触祭。不过人用恶意的对他人饮食,往往称触祭。譬如母亲见小孩子吵吵闹闹要吃,母亲气极了,便把一碗饭,对桌上一掷,骂道:"你去触祭罢!"又如她的丈夫,每夜酒醉归来,他老婆也会破口大骂,说道:"倷触祭饱仔黄汤,人才弗认得格哉!"

所以触祭就是吃,不过只能用于不快之时。如果高高兴兴客客气气的时候,请了几位客人到府上,主人笑嘻嘻的对来宾说:"今天我雇到一名福建厨子,烧几样菜倒还不错,所以要请请几位至亲好友来,触祭一顿。"这班客人听了触祭二字,一定会气得个个向后转。所以此乃骂人话,不是敬客话。

那末,吃为什么叫触祭?触祭与祭鬼,有何分别?这倒不能不说一个明白。祭鬼,不过拿几样小菜来摆摆而已,摆完之后,鱼肉鸡鸭,决不会缺一丝一毫,因为鬼绝对不会来对于这小菜有所接触的。至于人的触祭,完全接触之祭,所以触祭二字,实在是缩写。(明日刊第四图"吃瘪")

四 吃瘪

甲乙双方争斗，甲方不用武力而使乙方屈服，这叫做吃瘪。譬如王老五与张阿狗心里有难过，假使王老五拿张阿狗一顿皮郎头，打得他死去活来，张阿狗虽然当时服贴，心里总有所不甘，他过一天，也可以去邀一班弟兄来打回复阵。如果王老五不用腕力，而用方法使张阿狗不能出来混饭吃，只好躲在家里，或者逃之夭夭，这就是吃瘪了。又如美国人用原子炸弹使日本投降，这也不是吃瘪。假使美国封锁了日本，使日本物资缺乏，无法活动，难以生存，这也是吃瘪。

不一定大动物能够吃瘪小动物，小动物往往也会吃瘪大动物。象是何等大的动物；但他会被一只小小老鼠吃瘪，只消一只老鼠钻到了象的鼻子里去，老鼠在里面练习马拉松赛跑，象就吃瘪了。霍乱的病菌，小得要用了显微镜才看得见，他一进了人的口，只消二三小时，他就可以把人身血液，一齐吃干，顿时十只手指上的螺，因着血干而会瘪下去，这俗名叫瘪螺痧，一个堂堂六尺男子，被比灰也小的霍乱菌吃瘪了。

五 吞 头

吞头有两种：一为实物，一为描写。老枪绅士一朝有事，要出去应酬，或者开会，不比得在家里，可以任意吞云吐雾，于是只好带几个烟泡，在要紧的时候，用些茶水来一吞，这也叫做吞头。还有凡是一个人的特别的神气，也称吞头。本文所谈，乃是后者。

吞头非指人身一部分而言，乃言全部的神气，所以吞头好比麻将牌等东西，都称副，如"迭副吞头"，"一副吞头"，"啥格副吞头"。不言吞头则已，若言吞头，总是全副一起来的，试举例如下：

"顾家阿嫂，身体胖得像只牛，坐拉三轮车上，捞起仔旗袍，露出仔两只又粗又大的大腿，格副吞头，阿像杀牛公司里出来""大悲庵里格马驴子法海，到张公馆里去寻张太太，要化缘。后来马驴子听得张老爷到青岛去哉，俚顿时会贼脱嘻嘻放出一副吃狗肉格吞头来，吃相着实难看！"

六 牙　签

古之人重道德，有情义，所以就是用一枝牙签，也是终身使用，决不半途抛弃，真像女子嫁人，从一而终一般，他们不但一生只用一枝牙签，而且把牙签都用金属制造，普通全是紫铜制的，考究一点的用银制，有钱的人，当然用金牙签。他们往往把牙签挂在钮扣上，随身携带，到东到西，就非常便利，这好比乡下夫妻，寸步不离。

后来被一班轻薄之人，发明了用柳枝来做牙签，以为金属制的天天使用，未免不洁，倒不如植物制的牙签，用一次，抛弃一枝，来得卫生。从此以后，牙签寿命便短了，牙签的前途悲哀了，需要之时，拿他来用，以图一时舒服，用过之后，便抛入痰盂中去了。

有一次，我在写字间里叫了一碗排骨面来吃，吃完之后，牙齿缝里，嵌着肉屑，十二分难受，我身边没带牙签，问茶房要，茶房说没有，我其时真难过之至，倘使此时，我能发见地板上若有一枝被人抛弃的旧牙签，我也不管他脏不脏，会拾起来用他一用再说了。可见要用牙签而无牙签可用时牙签，这一副表情，真比舞台上的田氏思春，还要难受。后来幸亏茶房给我拿一根火柴，削尖了，总算给我用一个痛快。

所以女人对于男人，一度相处，即行抛弃的，叫做牙签。（明日接刊第七图"小开"）

七　小　开

开店的叫老板，亦叫老开。他的妻子便叫老板娘娘。他的儿子叫小老板，亦叫小开，这是小开的本意。

但现在所谓小开，是专指一班自己年纪轻，不懂事，家里父亲有钱，他喜欢在外面挥霍的人而言。小开不能自骑马自喝导，必有一班的和小开的人，这就是清客，亦称蔑片。他们每天陪伴着小开，小开爱什么，就玩什么，借此不但可以混些吃吃喝喝，而且顺便还能够捞些油水，这术语，叫做守小开。守小开面子是朋友，骨子里非把小开的家当，尽行弄光不可。弄光之后，再去守另一小开。所以朋友之间，如果乙对于甲，过分用手段来吸取金钱的话，甲发现了，就要生气说："你不能当我小开"！

小开的父亲死了，小开仍归挥霍的话，还是称小开。蜡烛脾气的叫蜡烛小开，哭出乌拉的叫棺材店里小开，懦弱的叫豆腐小开。古人中有名的小开，当推孟尝君。他把三千个守小开朋友，养在家里，可怜这三千人中，除了冯谖一人有良心外，不过鸡鸣狗盗二人能略尽一些义务，此外二千九百九十人，都是吃小开用小开的酒囊饭袋，纯粹蔑片而已。

八　讲经头

讲经头,普通作讲斤头有误。小菜场上斤斤较量,谓之讲斤头。那茶馆里两造争执,而由第三者出来判断是非,实在应称讲经头。据说这讲经头办法是从法律不完备上来的,也可以算社会制裁。

讲经头,讲的不是生意经,也不是新旧约的圣经。他的秘诀,便是根据佛经之头,无论弥陀经、金刚经,那经上的第一句,总是:"如是我闻"四字。这四字直译起来,便是桃花江的第一句"我听得人家说"。讲经头的妙用,就在如是我闻。

第三者出来判断曲直,解决是非,如果这第三者是甲造请他出来的,他当然助甲而抑乙;但乙也有乙的理由,乙不一定完全理曲,于是这第三者,就要应用"如是我闻"来对付乙了:"小赤老;侬做点啥事体,穷爷落里一样弗晓得。连那娘偷和尚,我肚里才明白。"

这几句话,就是对乙方暗示:你的一切,我都已调查明白,连你娘偷和尚的事,也很清楚,其实完全是金钟罩,瞎三话四;但是乙听了,倒有些胆寒,他也会疑心自己的娘,说不定偷过和尚?于是有些"下元虚",就此软化。事情就解决了。

九　老毛

老毛，欧美人也。老毛之老字，不读上声，应读平声；但须读勒凹切，不可读勒腰切，为什么欧美人称老毛？因为他们初来上海之时，上海人见其混身有毛，所以都叫他们为红毛人。东方人汗毛极轻，西方人汗毛大重，所以有此称呼。日本人初见欧美人时，称为毛唐人，因日本人最初接触之外国人，就是中国人，中国人与他们皮肤面貌文字都同，他们称唐人（当时是唐朝）。后来欧美人来了，日本人也因他们的特异之处，便是混身有毛，这是东方人所没有的，所以称他们为毛唐人，简称毛唐。这几句话至今存在；不过只好背后谈谈，因为并不是客气话。

人类是猴子进化而成的话，那末，东方人进化得早，汗毛也看不出了，头发也变黑了。欧人进化得迟，还大有猴气，混身黄毛，头发也与猴同色，一双绿眼睛，骨溜溜更像猴子，所以以进化而论，东方人实在还是西方人的祖宗。

"巡捕房里外国老毛弗答应，有啥办法？"老毛上面加外国二字，叠床架屋也，并非另有中国老毛。

"侬弗要狠！黄牙须要开鞭格"！黄牙发，乃老毛之别名。

一〇 穷 爷

穷爷是一个代名词。在文法中,代名词有第一人称第二人称第三人称第四人称等分别;但这穷爷一语,很奇怪,不是第二第三人称,当然更不是第四人称,竟会是第一人称,即自己的称谓,可以与我,吾,余,鄙人,兄弟,教弟,晚生等等,一样用场。

大概自己称自己,都有自谦之意,如鄙人兄弟晚生等是也;独有这穷爷,非但不自谦,而且自称为爷,可谓不客气之至;不过他上面加一穷字,大约也因为爷字太无礼貌,所以用一个穷字放在上面,拿来表示谦逊的。

穷不是罪恶,所以穷爷之称,表示穷虽穷,爷总是爷,仍有傲慢之意。告化子钉霸时,口中唠唠叨叨有一大段废话,约数十句,这一套话,他们称为训子。这训子二字,便是根据这穷爷二字上来的,既要人钱,又要做爷,此告化子之所以为告化子也。

但穷爷并非亲生之爷,无法滴血实验的,他对任何人都可以称穷爷,他与"人之患在好为人父"的一班高兴做干爷做寄爸的人,完全一样;不过他境况差一些,所以特别加一穷字,望孩子们认明招牌,庶不致误。(明日刊第十一图"末老"请密切注意。)

一一 末 老

末老者，人也；但为一种藐视的称谓，例如：

"家主婆一日到夜，拉外头淌排，迭件末老，只会拉屋里抱小囡，汰屎布"末老而称件，其价值可知。

那末，什么叫末老呢？从前戏台上，关于老生一行，计分三种：除了老生，还有"外"与"末"两种。外，大概挂白须，而末，则扮些零碎角色，以前在昆戏中，老生与外，均有重头戏；独有末，不过扮扮家院而已。在京戏里，末是属于三路扫边老生，不加重视的。

所以称人为末老，不是恭维话，竟是讥嘲无用之人。文昭阁里三个老生，伍子胥是正场唱工老生，东皋公是硬里子老生，那皇甫讷，便是扫边老生了。三老一比，末老真是一个起码人了。

末老之中，还有称"罩末老"的，是指包探而言，就是说：这末老，能盖罩一切末老也；但"罩末老"三字，似应写作"抓末老"，较为确切。

"当心！照子弗亮，弗要碰着仔抓末老。"这是那些小窃们互相关照的话。（明日接刊第十二图"吃排头"，请读者诸君密切注意。）

一二 吃排头

凡受人训斥,曰吃排头。排头者,木排之头也。绍兴船相冲突,则接触之处,往往为船舷,或船头。此二处,皆粗大之木,可以抵抗,可以保护,即受冲突,不致损害。惟与木排相撞,则其害必大。因木排之排头,皆粗大之木端,木排不易驾驶,故来势极猛,且木排较船为低,所以木排与船冲突,则不触船头船舷,而必触船腹,船腹之板颇薄,一受排头之突击,往往破腹而有极大危险,所以船遇木排相撞,曰吃排头。而受人训斥,亦曰吃排头。吃排头,亦称吃大菜。盖大菜中,有牛排猪排羊排等,借用以代木排。

吃排头,亦有作"吃牌头"者,有人说:此乃牌坊之头也。牌坊之头上,有圣旨二字,在前清时代,真是了不得的东西,如有在牌坊下面大小便者,便是大不敬,设被路人撞见,或被牌坊主人的子孙看见,可以捉将官里去,至少也必大大的训斥一番,这就叫吃牌头。

总之此语作排头可,作牌头亦可,惟在通行吃大菜一语后,当以排头为标准,牌头不脱封建气味,未免落伍了。且时至今日,就是把牌坊拆去,将圣旨取下来,去做厕所的饰品,亦无人干涉,牌头不硬安能给人吃哉?

一三 照牌头

照牌头,即"照得牢牌头"也。凡对于某一事物,可以稳稳到手者,曰照牌头。此语创于赌徒,盖所谓牌头,乃骨牌之头,所以不能写作排头。

凡牌九司务,对于一副新牌,只消看过一遍后,将三十二张牌,一齐伏倒,他已能一一辨认,孰为天牌,孰为地牌,可以丝毫不爽。这是怎样的方法?他是专门观察骨牌两端的竹纹的。竹纹只只不同,便可以牢牢记着,何种竹纹,即为某牌,这方法叫做"看头筋"。学会了真头筋,赌起钱来,对于各牌,一看了然,就可以称心如意,照得牢牌头了。

看头筋之练习方法,最初是用烟扦子烧红了,在牌头上各种地位,刺了小孔,然后把洋蜡烛油涂入孔内,以作记号。这当然比看头筋容易得多,不过方法太起码了。看头筋之外,还有一种"看背筋",是专看牌背上的竹纹。

"明朝要解一脚会钿,还呒没办法,只要我去向大块头老蟹一开口,就可以照得牢牌头的。"这是拿工钿朋友开条斧的计划书。(明日刊十四图:"三点水"。)

一四 三点水

三点水,是一句过时的话;但一时曾流行过,我就不能不提他一提。

当八一三之战,在国军西退后,上海便出了许多自以为时世造英雄的衣冠禽兽,他们梦想做东洋鬼的开国元勋,便出卖祖国,出卖良心,到日本鬼子面前去献殷勤,这种汉奸,当时的上海人,送他们一个徽号,叫做"滑稽"。

这滑稽二字,细细想起来,却是用得相当俏皮。自己明明是中国人,而在中国与日本战争之际,他反而会投入敌人的怀抱,这好比自己的妻子,给人强奸了,而自己还不敢承认自己是那被强奸的妇人的丈夫,只说是妇人的兄弟,还愿意做奸夫的大舅子,要求他照料,这心理相当矛盾,这情形相当滑稽,所以这滑稽二字,一时大为流行了。

这本是一种隐语,到后来晓得的人一多,就要改变了。于是改称为"三点水"。三点水是滑字的一半,缩写也。再后来到汪精卫一出现,滑稽的范围扩大,滑稽的人物增加,而且那些挨家挨户捱卖国旗新申报的小汉奸们,都自称汪派。汪字本来是三点水,于是三点水一语,更为实在了。

一五 拖 车

　　拖车之车,指人而言,人即车也,一个人在小时候,往往被人在墙上写着:"张阿三小五车""王老五小五车",可见从小就是一辆车子了。到了十七八岁时,看见了女人,便去表现"叮牢黄包车",依然是车子,再过几年,便有做拖车的资格了。

　　拖车一语,可分前后两期,意味有些不同。前期约在十年之前,拖车二字,则从上海人们口中吐出来时。乃是指一班不会跳舞的男子,硬要到跳舞场里去跳舞,于是给那舞女,拖来拖去,如牵猢狲一般,这就叫做拖车。

　　但时至今日,这拖车一语,已经变质了。所以称为后期,这后期的拖车,与跳舞毫无关系。凡一个女子而常常有一男子,同出同入,若即若离,这男子既非丈夫,亦非同居之人,无以名之,即称拖车。

　　这好比有轨电车,后面有一辆拖车;不过他在转方向之时,是要换一辆拖车的。无轨电车后面没有拖车,所以他身份,比有轨电车来得高。如果一个女子。后面拖车不止一辆的,那她简直是火车头,那些拖车,可以称为列车。这列车二字,亦可作"列位拖车仁兄"解。明日刊"吃得死脱"。

一六 吃得死脱

川沙人十个有九个爱吃河豚，河豚的美味，人人知道；但河豚容易中毒，所以未必人人敢吃。

从前有一个川沙人，吃了河豚，不幸而中毒了；不料他临死的时候，口渴非常，还要把锅子底里的河豚汤，喝干而死。他明知自己要死了；但留下了锅子里的汤而死，恐怕难以瞑目，所以一饮而尽，方始两脚一挺，向西方路上去了。吃得死脱一语，就是从这里开始的。

但吃得死脱之吃，并非吃饭吃茶吃烟之吃，亦非用口之吃，这吃字乃"吃马屁""吃硬弗吃软"之吃也，试举例如下：

"顾家姆妈看绍兴戏，看见仔风流小生，吃得死脱。叫俚完仔戏，弗要卸装，弗要揩面，用汽车接到自家屋里，两家头甜甜蜜蜜谈谈。"

"某女伶演蝴蝶梦的田氏思春，崭透崭透！某干爷吃得死脱，回去跟干娘搅七捻三，干娘连呼要死快哉好几声。后来干爷请医生打脱仔英得蒙针三四打。

我虽然举这二例；但吃得死脱，并不一定关于色迷迷的。（明日刊第十七图"阿桂姐"）

一七 阿桂姐

以前称"桂花寡老",现在改称为"阿桂姐"了。这一改,似乎改得文雅些了。欲谈"桂花寡老"与"阿桂姐"当先谈"桂花"两字。

桂花一语,发明还不过二十多年,三十年前是没有的。据说有三四名妓,有一天夜里,在小房子里与几个相好窝心,后来肚子饿了,去叫几碗蛋炒饭来吃;那知这蛋炒饭,咸得异乎寻常,于是就问这送菜的人,送菜的是天津人,他答道:这叫木樨饭。于是这几个妓女都笑起来了,说道:"木樨就是桂花,只有你们这桂花店,做得出这桂花饭,只有你这桂花人,会送得来,我们吃了,都会变成桂里桂气了"。

从此以后,桂花一语,盛行于妓界。凡蹩脚东西,都称桂花。后来乌师马夫汽车夫,也流行此语,不久,中流社会,也都知道用这桂花二字了。

现在除了卖"桂花白糖粥""桂花糖芋艿"者,自己还硬要宣传桂花外,在上海的桂花一语,实在不是好话,在科举时代,月中折桂,是读书人谁都希望的。物极必反,桂花变成人人看不起的东西了。阿桂姐,创自舞场,此语还不够十年光景,现在已不仅指舞女,凡女子面貌粗俗打扮不入时的,都称她们为阿桂姐了。昔日桂花寡老一语,现在已经落伍了。

一八 萝卜头

萝卜头,是一句过时的话,在沦陷期间,很流行过。战前上海人称日本人为"东洋小鬼""矮赤老";但老上海的日本人,都听得懂,所以才产生了这句"萝卜头"。萝卜头便是代替东洋小鬼矮赤老的。

日本人称盗贼曰DOROBO,中国人译音为"大萝卜"。因此,背后称日本人为大萝卜,对日本人中稍有地位者,如军官之类,称之为萝卜头,后来不管军民人等,一律称他们为萝卜头了。

另有一说:有一个中国人在上海一家日本料理馆里当杂差,闲来要帮着在厨房里工作。日本人有一种黄色的盐萝卜,名曰"泽庵",日本人菜肴中每次必有一二片的。这中国人在厨下,专切这盐萝卜。他平日受了日本人的欺侮,有气没处出,为了自己的职业问题,虽在战时,仍旧只能吃敌人的饭,他怀恨在心,每逢切萝卜之时,心里总想:这萝卜,就是日本人,我来把他们一个个的杀掉。于是他拿起刀来,一片一片的切,以为是快举。萝卜两端之头,日本人是不吃的。他把萝卜头切下来,本来应当抛入垃圾桶中,而他把萝卜头一一掷入粪坑中,因此他在背后,即称日本人曰萝卜头。二说不知孰是?

一九 宿货

天下的东西,可分为两类:有的越旧越好,越陈越好,越宿越好,如古董之类。有的越新越好,越鲜越好,如衣服之类,古董别说是商鼎周盘,视为国宝,就是二千年前的破砖断瓦,得到的人还要装起红木座子来,供在室内做装饰品呢。至于越新鲜越好的,如菜肴之类,当天去买了鸡鸭来,当天吃,还不算新鲜,最新鲜的,更有当场活杀等等玩意。今天的菜,隔了一宿到明天吃,就宿了,热天还会馊,这就叫"宿货"。宿货就没有价值了,这又叫"过时货"。

过时货决不会有人当他古董那么欣赏,见了一个半老徐娘,断不会说:"迭只寿星寡老,头发花白,牙子稀落落,倒有点古色古香"。古董也不能使他现代化。有一个暴发户,买了一幅元人的山水,他特地请人再绘一座洋房上去,他说:这是我理想的别墅。那画师索性给他在山上,画了几根电线木,说:这样一来,那别墅中,电灯电风扇电炉电冰箱,都有了。这真是笑话!

鲜花插在瓶内,一过三天,便成宿货,丢入垃圾箱内去了。无论人,无论物,不能宿,宿了就失去价值:但陈花雕其价甚昂,陈佛手能治肝胃气等病,不在此例。总之,宿货就没有人理睬,试观今日的红女伶,红得发紫,只消再过十年,便成宿货了,一宿就没有办法。

二〇 自说自话

自说自话与自言自语不同,自言自语不一定要人家听得的,而自说自话,不但要人家听了,会觉得毫无道理,因为他只顾自己说自己的话,完全不知道人家的。关亡看香头,是靠自说自话做职业的,她装神做鬼,完全是自己一个人说着自己所晓得的话。如果有人问起什么话,她回答不出的,就会假痴假呆。

广告上登的,说自己的出品,好得天上少有,地下难寻,也全是自说自话。他从来不肯说一声人家好的。有的广告,自说自话的作风还要厉害,花着很大广告费,满纸尽是莫名其妙的话,离开广告学原理,已有千里之遥,这是老板的自说自话。

电台上播音,一个人坐在播音室内讲话,自己也不知道有多少人听着,他讲得很起劲,即使一个听的人也没有,他还是滔滔不绝,这真自说自话的能手。

总而言之:只知有己不知有人的说话就叫自说自话。不许涨价,当然是一句好话;但一方面捐税大涨特涨,原料也涨,来路货也涨,独有商店不许涨价,这实在是自说自话。

王老太婆常说儿媳妇的坏话,对人说:"她常把家里的食物,偷到娘家去,真是小家败气。你看我自己的女儿多好,昨天回来,还带来块咸肉,半罐头奶粉给我吃,真是个孝女!"这就是自说自话的代表作。

二一　老　大

有一个时候,常听得人家在电话里问:"老大今天怎么样"?"老大今天多少"?"老大涨不涨"?老大者,金子也。在电话里不便直称金子,乃呼为老大。为什么金子要称老大呢?金属之中,"金银铜铁锡",黄金居首。谈到人家的宝贵东西,总是说"金银珠宝",金子老是做贵重东西的领袖,我们人类的心目中,也觉得世界之上,最可贵者,只有黄金。常言道"一寸光阴一寸金",无价的光阴,也要拿黄金来比一比。从前的富贵之人,失去了脑袋,家属们往往做了一个金脑袋安装在尸身上,然后成殓的,可见黄金之宝贵了。

也不但人类社会如此,圣经上说:"上帝的城,是精金制造的"。弥陀经上说:"佛国是黄金铺地的"。其实既是天堂佛国,就是垃圾筑城,垃圾铺地,也仍归是天堂佛国啊!何必用黄金!

可见人与超人,无不崇拜黄金,尊之为老大,也很应该;但禽兽的社会就不然,若把金条抛在地上,猫犬走过,嗅也不去嗅他一嗅的。从这一方面看,老大真太悲哀。路旁一堆粪,还有黄狗会把他当点心呢!那知老大的悲哀,还不止此,老大盛极必衰,本来老大嫁作商人妇,都藏在人家家里,现在老大收为国有,不许私藏,一齐送入中央银行吃官司去了。从此电话声中,不再有人提及老大了。

二二 臭 盘

盘为商人术语,乃价格之意,如市场上每天最初之价目开盘,最后之价目曰收盘,私下的价叫暗盘,新年里第一次价,称红盘,而厂里的发行价格,称厂盘,依指数发薪,有的机关,还有底盘,四五十年前,对于外国人买物,另有一种价格,叫洋盘,正如汤,盘铭曰:苟日新,日日新,又日新,盘之名称,真是日新月异;但臭盘一语,并不一定流行于市场上。臭盘可照字面解,其价值已臭,即尽人皆知为毫无价值也。臭味可远达各处,所以价格一朝低落,即人人可以领会,不必有所说明也。试举对于臭盘批评之例:

"电台上卖香港哗吱肥皂头,近来电话交关少,大家已经晓得臭盘,还有啥人肯上当?"

"孙先生是个大老板,店开开三四爿,总算商界中有名人物。落里晓得伊替人家经手钞票,就是几只角子个油,匼要揩个。所以近来大家对伊,十分看弗起,变仔臭盘哉!"

钱先生每逢开会,总是胀红仔面孔演说,慷慨激昂,像煞有介事;但是弗大有人拍手。因为大家晓得伊拉敌伪时期,与日本人一同喊过同甘共苦,所以迭种臭盘,现在吼不窜头格哉!板板六十四,碰碰脱裤子,便是臭盘的前奏曲。

二三 假老鸾

鸾,就是乩坛上在沙盘中写字一根短木,年代老的乩坛,这鸾当然是老鸾,靠老鸾吃饭的人,现在都吃得牙齿都没有了。像敌伪时期昙花一现的木道人之类,只好说是嫩鸾。既称假老鸾,自然另有真老鸾存在了,其实,全无真价。鸾的上面,有一横木,由两人各执一端,即会行动,在盘中写字,这两人有上下手之分,下手一人,不过摆摆样,一切主动全在上手,做上手,要什么本领呢?第一,要读过汤头歌诀,第二,要会写几首莫名其妙玄之又玄的诗,于是对来问病者,鸾会开方;对问吉凶祸福者,鸾会来一首七绝,让他自己去解释。所以所有乩坛,尽是假老鸾,一切巧妙,全在上手此人手中。

天下无万能之人,所以对于样样事情,假充内行,说得博古通今,像煞有介事的,称之谓假老鸾。他尤其对于数十年前的旧事,往往说得如同亲眼目睹,好在无人知晓,自然可以尽他乱说了。

最聪明的假老鸾,还是到旧书摊上,买几本破书来读读,读熟了,拏来贩卖出来,当然有书为证,无人可以说他捏造。即使有人驳他,假老鸾也可以一口咬定,指出他的老先生来。其实,著书的人,说不定也是一个前辈假老鸾啊。明日刊"老口失匹"。

二四 老口失匹

凡门槛精而不容易上当的人叫做老口。至于老口失匹一语，乃老门槛之人，一不小心，也会有失着也。正所谓智者千虑，必有一失。此语的来源，倒有一个小小的故事。上海在四五十年前，有一个老江湖，宁波人，当时年约四十多岁，家有一位美貌的姣妻，只有二十多岁，有一同乡少年，寄居在他家中；不料这少年与他妻子发生了关系，忽然二人逃之夭夭。而这位姣妻与这老门槛并未正式结婚，不过姘头罢了。而那少年与这女子，一逃到宁波，即行正式结婚礼，那老江湖知道了，竟毫无办法，因为他虽是老门槛，事前太疏忽了，对这女子，既不防她，又未曾与她补行婚礼，所以他竟完全失败了。这就是老口失匹的来源。此匹，非匹配之匹，亦非匹妇之匹，因为这女子也。宁波人，匹即指此女子也。

普通人失匹，并不奇怪。越是老口，一朝失败，人家便当他笑话讲了。须知不一定失去老婆，称失匹，凡失算一着，都称失匹。一个商人，做着参议员，出入于闻人之门，自以为门槛精了；不料此次改革币制，一切商品不许涨价，独有他以为这不过是官样文章，仗他自己的努力，有什么人敢去上他的班。那知居然被人先告发，他自己捉将官里去，这也是老口失匹，当局要罚他一万圆，他还不甘心，托有力者去说情，反而加罚二万，变成三万圆。他还不死心，再托第二位有力者去说情，又加罚了二万，共罚五万圆了事。他虽是老口，接连失匹二次，也打破老口失匹的纪录了。

二六 摆堆老

摆堆老一语，亦有前后期之分，前期之所谓摆堆老者，就是以粪掷人，袁雪芬在包车上，被人摆了堆老，后来捉到了摆堆老者，袁雪芬不起诉。还有一位越剧编者冯先生，新婚之日，在行结婚礼时，也被人摆堆老，这两件摆堆老案，相当有名。堆老，即一堆一堆之粪也。

最近美国华莱士被人抛掷臭鸡蛋与烂番茄，与摆堆老意味相同；不过美国人比中国人文明，所以不用臭粪而以食物代之，这可称文明堆老。其实是抄袭中国人的作品；不过中国人用米田共，还会有使人触霉头之哲理在内，所以无法代以别物。假使也用了臭鸡蛋与烂番茄，被掷之人反而欢迎，他拿回去，煮一碗番茄烧鸡蛋，吃饭可以少添一样菜了。

后期写成摆丹老，意味完全不同，有使人上当之意，故不是堆老而为丹老，丹为仙丹之丹，有使人如服一粒仙丹之妙，所以应作丹老。昔黄炎培在延安，访毛泽东，见室内挂一幅黄炎培所写的立轴，黄见了，大为得意，听说这是临时挂起来的，等黄一走，这立轴也束诸高阁了。黄炎培的自得其乐，完全被毛泽东丹老摆进了。

舞客要带舞女出去玩，舞女为自卫计，到WC去借匹马来骑，客人以手扪之，觉赫然一马当先，便信以为真，丹老给舞女摆进了。

二七 洋　盘

四五十年前,上海各业,对于洋人购货,另有一种价格,叫做洋盘;但都是暗盘。只有戏馆中的洋盘,竟是明盘,他们都皇皇然写着"妓女加倍,洋人加倍"。因为妓女看戏,由嫖客惠钞,嫖客爱摆阔,落得敲他一记竹杠。洋人不懂中国剧。无非由买办们请他们来的人,也很阔气,多花钱不在乎,而戏馆中把妓女洋人一律看待,简直是侮辱洋人,好在洋人不识中国字,不致引起外交问题。

后来偶然有西装剪发的留学生来看戏,他们也当洋人看待,要加倍收费,留学生自然不答应,会闹起来;不料从此留学生愈来愈多,戏团中为了加倍问题,天天要闹好几次,那聪明的戏团老板,便将字条改写为"洋装加倍",以便对付;但留学生也都去换了长衫,再来看戏了。

在光复前的两三年,这戏资加倍的恶习才取消,而洋盘一语,也变更了性质了。凡把人当瘟生,即称洋盘。而且转移了方向,主动的人,反不用此语,被动的人,自己倒喜欢用这话了。

"迭两个南到龙华,北到铜沙,啥人弗认得我,侬弗要当我洋盘!"

"我昨日吃大菜,吃错隔壁朋友格面包,真做仔洋盘哉。"

也有人说,洋钱在手里盘出盘进,叫洋盘。这是错误的。洋盘亦称大菜盘子,此乃谜语化了。

二八 茄 门

昔日有一位西席先生,见书房的旁边有一门,先生开门一看,乃是一个菜园,先生便每天在课余之暇,老是开了此门,去欣赏欣赏园中景色。他见园中种了许多茄子,先生爱吃茄子;但每日的菜肴中,不见有茄子供膳,于是先生发牢骚了,他在茄门上,题了两句诗道:"东家茄子满园关,未与先生进一餐。"后来东家看见了,当真早饭菜中,有茄子了,午饭也有,夜饭也有,吃得先生很高兴,第二天三顿饭菜,也尽是茄子,第三天亦然;不料一连吃了十多天,顿顿都是茄子,吃得先住倒胃口了。他又发牢骚,再把那诗,续下两句道:"从此一茄茄到底,呼茄容易退茄难。"于是每天课毕。先生也不再开此茄门,去欣赏茄子了。所以凡对于事物,唤不起兴趣来,叫做茄门。

张三照应过李四,李四拆过一二次烂污,现在李四又要请张三介绍生意,张三便有些茄门了。

赵大与王六是莫逆交,是孵豆芽弟兄,后来王六做了汉奸发了财,连朋友都不认得了,所以王六东窗事发后,要赵大替他走门路,赵大很茄门。

陆二热恋着舞女曼利,有一天清晨,陆二在四马路,见曼利出来买小菜,蓬头垢面,像一个活鬼,陆二胃口倒足,后来他对于曼利也就茄门了。

二九 黄 牛

上海人重皮毛，不重精神，从黄牛一语上，就可以看得出来。凡不负责任者，称黄牛，以黄牛无肩胛也。其实，黄牛自外表上观之，确是生成的美人肩，似乎肩上一些也负不起斤两；但我们到乡下去一看，就可以瞧见耕田的黄牛，戽水的黄牛，全是靠着他的两肩上，驾着器具，在那里用力前进的。所以他很负责，而且负责到死，决不中途卸责。

所以与黄牛一语，意味完全相反。我们再看到上海的黄牛党，有组织，也很负责，在电影院门口出卖的票子，虽然价钱贵些，决不是假票子，一定可以看得到电影。譬如我们到实在弄不到票子时，只要去找黄牛的头脑，他也总有办法给你想的。如此看来，无论是田间的黄牛，上海的黄牛，他们无不负责。黄牛无肩胛一语，完全从形体上定出来的，黄牛的精神，是负责到底的。故黄牛之称黄牛，冤枉之至。

黄君牛先生，是一位大绅士，每逢开什么会，他一定到，遇到有慈善捐款等事，黄先生总是第一个写捐几千元、几百元，到第二天派人到黄公馆去收捐款时，黄先生非但不付，而且把收捐人埋怨一顿："我是一个穷光蛋，那里有什么钱捐出来！我不过在会场上，见大家不开口，难以有成绩，所以我开开头，做个领导，写上几千元，后来居然大家踊跃输将；不料你们不来谢谢我，反而真的要我拿出钱来，太笑话了！"他大摆其丹老。

像这位黄先生，才是上海人口中的黄牛。有事去托他，他一口答应，日后去问问他，他早已忘得干干净净。

三〇 硬伤

凡水火刀兵等不可抗力上所受之伤，不称硬伤，而跌打损伤所受之伤，也不称硬伤，有许多伤科先生所看不出的，反称硬伤，譬如在敌伪时期，虽都不相信法币会被储备票两作一的；但竟作定了，其时的人，都说是硬伤。胜利后，谁都不相信储备票会被法币报复，来一个两百作一的；但竟作定了。当时大家也大呼硬伤，现在改革的币制，又是谁也不相信新币会老币三百万作一的；但也作定了，于是大家说：我们好容易天天有几百万几千万，在手里出出进进，发了财了。现在仍旧只有几角几分，还是穷人，真真硬伤。

总而言之：硬伤可以说与损失相似，伤科医生所无法医治的。照理论讲，水火刀兵之伤，跌打损伤之伤，应称硬伤。那些损失，可称软伤；但上海的俗语，往往有时会相反，竟把该称软伤的，称为硬伤。试举例如下：

"周老二到沈和尚家里去借钱，沈和尚的老婆，抱了一个吃奶孩子出来，要叫孩子叫周老二为伯伯，周老二无法，只得'交落'金圆券两元，作为见面钱。借钱没借到，反而损失两元，他想想真是硬伤。"

"有三个少爷，到外国酒排间去喝酒，也说不出酒的名称，见瓶形奇奇怪怪，瓶上贴的纸又花花绿绿，便不问价钱，横开一瓶，竖开一瓶，一共喝了六七瓶，到开出帐来，计金圆券三百元整，因为要美金七十五元呢！三个人眼睛地牌式，大呼硬伤。"

三一 翁 中

凡事情弄得糟糕而又失面子,叫做翁中,翁中一语,有其音而无其字,所以我只好借用了。为什么要借用此翁中二字?这是从翁仲上借用来的。翁仲虽作人形,而冥顽不灵,毫无人气,将翁仲二字,减去人字,便成翁中了。

我看到南京路上两个石人,却是一对大翁中而特翁中的东西。中国人古坟上的石朝官,被外国人去搬来,做马棚门口的装饰品,其翁中一也。还有许多不争气的男女,对着石人烧香膜拜,其翁中二也。妨碍市容,贻笑外人,其翁中三也。舆论攻击,市府踌躇不决,其翁中四也。另有无知愚民硬说石人是神是佛,竟欲保留,其翁中五也。好容易屋主肯放弃,市政府把他搬去;不料又有人出来,要弄到什么善堂里去,再使他受香烟,其翁中六也。为了两个石人,翁中到不能再翁中,所以我借他来用一用,倒也相当合用的。

上海许多大商人,平日里何等神气活现,四面兜得转,近来为了私自涨价,一个个拘将官里去,翁中之至。

舞台上的红伶,一朝发狗脾气而拿捔,忽然请假,要弄僵老板,老板派一个另碎角色去代他的戏,照样对付过去,不退票,这红伶便翁中了。昔林步青演"女君子"一剧,就这样翁中过一下,后来他便服贴了。

三二 挨城门

昔日上海城未拆以前，每夜一到九点多钟，各处的城门都关了，我们如果要进城，可以叫开城门。叫开城门之法，先高叫一声开门，门内看守的人，便问道：有没有照会？城外的人便答道：有照会。那城门上，有一碗口大的洞，洞中便伸出一只手来拿照会。城外的人，身边摸出两只角子，授给他，他一拿到这两角照会，便高叫一声开门。于是二重城门，一齐开放。开放的时候，出钱的人，当然进去，而旁边如有其他的人，也可以一齐进去。因为他不开则已，开则不问人数的。因此有精明朋友，不愿出钱，都守在城门口，等候出钱的人到来。他一出钱，大家可以跟着进城了。这叫做挨城门。好在每五分钟或十分钟，总有人会来开一次的，只消等一回，就等得穿的。

这挨城门一语，后来就应用到堂子里了。凡一个小先生，由一个瘟生出了钱而点大蜡烛，第二夜，便留一个恩爱相好住夜，这也叫挨城门，钱由瘟生拿出来，他在第二夜就享受，实际情形差不多，而一记竹杠，就可以避免了。上海城虽已拆去，而挨城门一语，依然存在在今日的白相地界。

最近在改革币制之前夕，南京方面得到了消息，便暗中派人到上海来在交易所中大抛其股，经纪人一看苗头不对，知道他们其中定有奥妙，于是有经纪人也跟进，也大抛特抛，这也叫挨城门，可惜财没有发，挨城门变成了挨牢门。（明日刊"出松"。）

三三 出 松

出为动词,松为形容词。出松二字,合成一语,与"出而松""出则松"有别,盖出而同时松也。出松之意为走。譬如一所房子内,住了十家人家,当然挤得不堪,假如一朝搬走了一家人家,于是其他九家人家,便觉得松动了,出松就是这个意思。

敌伪时期,大家怨天恨地,都说"总要等萝卜头出松了,才有好日脚过。"胜利之后,萝卜头当真出松了,人民胸中之气,也松了不少。同时来了几个接收的瘟官,闹得乌烟瘴气,人民又天天希望他们出松,果然枪毙了贪官,贪官出松到鬼门关上去后,人心大快。

姨太太在外面和小白脸搅七捻三,总觉得"恶而蛮"在家里,不方便。于是怂恿"恶而蛮"出去旅行。到恶而蛮一出松,姨太太更肆无忌惮起来,索性把小白脸养在家里。后来接到恶而蛮来信,说需三天内就要回来,姨太太只好席卷而逃,给他看脚底,自己也出松了。

"大便不通,心事重重,大便一通,浑身轻松。"这是描写便秘朋友的心理。老枪半个月不通大便,想尽许多方法,起了早起,摆了坐马势,在马桶上长期抗战,真比女人生产还难,胀得面红筋赤,捏紧了拳头,拉开了肛门,上面还喝着麻油汤,后来好容易米田共出松,合家欢天喜地。

三四 魁 色

凡将事物稍加夸大，曰魁。任意夸大，曰吹牛。过分夸大，曰海外。海之外为洋，洋则水天一色，其大无匹矣。

将鞋扩大，曰楦。将帽扩大，曰魁。楦之器曰楦头，魁之器曰魁头。魁之一语，实来自帽匠。惟魁有范围，仅略为放大耳。且须有帽，亦可放大，譬如王二朝奉吃猪油炖酱，不肯揩面，人家问他今天什么饭菜？他指着嘴上的油，说道：今天吃的肉。他必须有了猪油炖酱，才可以魁为吃肉，如果他吃了青菜豆腐，而硬说吃肉，那好比没有帽子而要魁，当然无从魁起了。这吃了青菜豆腐而说是吃肉的，叫吹牛。魁不但要有帽子的实际，而且不能魁得太大，譬如吃了猪油炖酱而硬说吃的鱼翅，这好比一顶小头鬼头上的帽子，硬把他魁得要去拿给大头鬼戴，头寸相差太多，这顶帽子一定因魁得过分而豁边，变成一顶破帽子。须知帽子的放大，与衣裳的放大不同，衣裳的放大，须完全拆开重做，可以把藏在里面的贴边等放出来，而帽子的材料，并无宽裕，也不将线拆去，仅不过将魁头塞在帽内，外头喷了水，用熨斗烫，所放的尺寸，有限得很，不过几分罢了。所以魁之一语，第一要有些实际，第二不能魁得太大。在马路上拾得了一只小皮夹子，不妨对人说：我拾得一叠钞票。这是正当的魁。如果拾了小皮夹子，就说娶了个姨太太，就魁豁边了。

三五 穷并包

并包,乃将甲乙二人之包裹,合并为一,即以二人之财产,并而为一,不分尔我,朋友有通财之义也;但穷并包则不然,动机不在义,乃甲乙二人,甲穷而不能生活,乙则尚能自立,于是甲强欲赖乙以生活,衣之食之,你的就是我的,我的不是你的,这就叫穷并包。虽称并包,其实穷的别说包内空空如也。连包袱也没有了,不过把人家的包裹,占为己有而已。

日本人的侵略中国,便是国际上的穷并包。他们所谓经济合作,即"你的就是我的,我的动也动不得的。"沦陷区中,有所谓同甘共苦的标语,其实,是他甘我苦,我们始终是无甘有苦。八年间的穷并包,并得我们什么都没有了。

资本家别一味想发财,也要顾到劳动家能不能吃饱肚皮?如果他们吃不饱的话,他们总有一天要来穷并包的,所以我们不能自己有吃有穿,就满足了,还要想到人家如何?人家是否有吃穿?中国倘能在十年前,注意到日本人的生活,就可以预先晓得上一次的穷并包不是突如其来的了。

穷并包的结果,发动的人,一定占胜利的。他本来一无所有,人家包里的东西,吃的穿的,都归了他,人家便成一无所有了,故虽称并包,其实是抢包罢了。
(明日刊"触壁脚")

三六 触壁脚

据一个泥水匠告诉我说：凡房屋四周之墙壁，称墙头。而在房屋中间将房屋一间一间隔开的墙壁，称壁脚。墙头厚而壁脚薄，一头一脚，大不相同。外行看来，以为都是一样的东西；不料其中大有区别。普通墙头，用十寸厚，即一砖之长度。壁脚用五寸厚，即一砖之阔度。

因为壁脚很薄，所以有"听壁脚"之行动。因为壁脚很薄，所以有触壁脚之工作。壁脚不触则已，轻轻一触，就可以成一窟窿，壁脚为最薄弱的东西，不经触也。凡甲在乙面前，说丙的短处，就叫做触壁脚。壁脚为房屋上之短处也。

触壁脚，为拍马屁的工具，张家娘姨阿宝，去告诉隔壁李家奶奶说："我家奶奶，背后头常常说侬屁股头光搭搭，绝子绝孙。"李家奶奶便当阿宝为心腹人，送她一件旧绒线衫。

触壁脚，又为报复的工具。老板平日待伙计们很刻薄，因此在禁止涨价的时候，老板暗中涨了价，伙计竟会到警察局去报告，于是老板捉将官里去，伙计们都称快。同事们互相倾轧，便在经理先生面前互相触壁脚，老王说老李揩油，老李说老王走漏货色，老陈说老张外面有小房子，老张说老陈常跑跳舞场。经理先生听得头痛了，他望出来，壁脚上已经七穿八洞，没有一个完好的了。

三七 弗领盆

弗领盆即弗领教,亦即弗服盆,又即弗服贴。凡甲方之意,乙方不能接受者,称弗领盆。我为便利起见,可以先从"弗服盆"解释。这是从园艺上来的术语。有的花木,从地上移植盆中,或自旧盆移植新盆,往往会枯萎而死。这就叫弗服盆。因为这一盆花木,乃忠贞的植物,移植入新盆之中,他不能服从也。如果是一盆普通的花木,把他移到任何盆中,都可以繁茂的,就叫服盆。服盆即领盆也。

国际之间的会议上,滥用否决权,这就是表示弗领盆。还有外交上提出抗议,也是弗领盆。弗领盆之最后结果,便是战争。战争之后,一胜一败,败者表示服贴,战争才告完结。倘有另一方面,对于这战争表示弗领盆,就可发生另一战争,或延续战争。

花木移植盆中,须就盆的范围,当然有相当束缚,于是崛强的植物,便以身殉之,这是植物的弗领盆。而人的弗领盆,就没有这么简单。他不肯就此郁郁而死,除非他是个无用懦弱之人。

又有所谓"死弗领盆"者,他不管事情的合理不合理,他一味弗领盆。弗领盆的结果,弄到一场恶斗,他如果打败了,还是弗领盆,这样干下来,对方非把他置诸死地不可;但他到临死时,还仍旧弗领盆。虽然其志可嘉,究竟有些弗识相吧。

三八 | 血血叫

血血,乃形容词,谓臭味也。如"臭血血"之类。而"叫"为形容词下面之语尾,盖形容词下面,往往有以"叫"字为语尾也。例如"马老二肚皮里交关龌龊,看上起,有点坏坏叫。"又如"王老五做仔一身新西装,走到人面前,有点央央叫,阿要惹气?"这都是形容词用"叫"字作语尾之例。

凡臭味不甚剧烈而一阵阵很轻微的会送到人家鼻子里,称为血血叫。

"老张下身有毛病,一走近我身边,我就觉得血血叫,我刚吃过中饭,几乎要呕出来。"

"舞女徐莉莉,生倒生得呒啥,一到热天,还是弗要同伊跳。伊格猪狗臭,着实血血叫,我送过一包矾屑给伊,对伊说:可以两用。伊送我一个白眼。"

"胖姑娘在家里见客,老是穿着一件浴衣,走动的时候,就会有些血血叫,我问伊阿是此地附近呒没老虎灶?伊开口就骂死人,阿要好笑!"

以上三则,都是关于"血血叫"的访问记。总言一句:血血叫虽是指臭味,而这臭味,程度却有限,决不会受到卫生局干涉的。假使是粗心一点的人,竟会不觉得;不过嗅觉灵敏的人,马上就会知道的。

三九 搭壳子

昔日称吊膀子,今称搭壳子;但吊膀子一语,虽指男性而言,其实女性亦可应用。而搭壳子则不然。为男性专用语,女性不能借用。盖女性另有一专用语曰搅芯子也。至于搭壳子一语的来源则倒有一段小小的掌故:

从前有一个小开,在外面滥和调,专与女人搅七拈三,后来认得了一个女性,二人非常投机,等到要论嫁娶的时候,互相打听打听对方的家庭情形,原来双方的父亲,倒是大同行。因为那小开的父亲,开一玻璃厂,是专制热水瓶中的芯子的。那女性的父亲,也是工业界中人物,他的厂,是印铁厂,在洋铁皮上印了花,拿来制

造热水瓶的壳子的。于是央同行出来做媒,自然有情人成为眷属。结婚的一天,小开的朋友们,便与小开吃豆腐,说道:壳子配芯子,真是天作之合。于是才产生了搭壳子一语。后来又有搅芯子一语接踵而来。

至于旧时的吊膀子一语,是什么意思?其说颇多。据笔者所知,乃旧时武生考试,首重攀弓射箭。练习之法,先在室内梁上悬绳子两根,下面系一大石,用时两手各握一绳,向左右拉开,练习两臂之劲,这称吊膀子。后来男子追求女子,也称吊膀子,无非是练功夫之意,谓只要功夫深,无有不成功也。此语发源于科举时代,现在当然落伍,上海已成中国工业重心,自然搭壳子一语会流行了。不过以壳子称女性,似乎是对一般无灵魂的女性而言,不能包括所有的女性。

四〇 脱 底

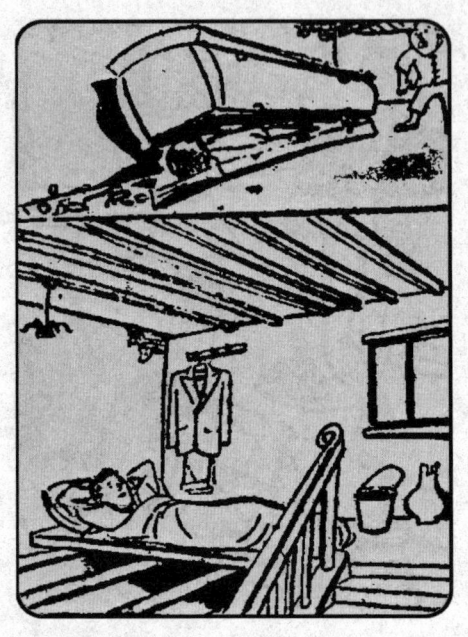

　　脱底,是缩写。他的原语,称脱底棺材,亦称脱底施棺材。往往略其下面的名词而单称上面的形容词;然也有人称脱底货,即以一货字,代替棺材或施棺材。

　　我们试想:棺材脱底,是何等样的事?那棺材的底脱下来,势必里面的死尸和炭屑石灰等等,一齐落到外面来了。若要重行装进去,就非常麻烦,无法就在底里塞进去,然后将底钉上,因为这样的做,就难以恢复原来的样子了。必须将空棺材打开了盖,一面再将棺材底钉了上去,然后仍旧照入殓的次序,把炭屑石灰死尸等等,一一放进去,再把棺材盖盖上,方可了事。所以棺材脱底,是一件不可收拾的事。凡人的行为,一味胡闹,不顾一切的,叫做脱底。

　　老汪一家一当,只剩身上一身衣裳了,而且袋内尽是当票;但是他勒煞吊死要吊膀子,看见了女人,张开仔嘴,好像一口吞得下去,真是脱底。

　　小张在父亲死后,把所有父亲传下来的店铺田地房屋,一齐弄掉,供他的吃喝嫖赌之用,现在只剩自己的住宅,因为又破又大,所以没有卖掉;但是里面的地板门窗等等,也逐渐卖去了,供他天天花用,他自己住在楼上,打地铺,楼板都已卖去,只剩楼梯上面六尺长三尺阔的一个长方形的楼板,没有卖掉,这就是主人的床铺所在;但他每日出来,仍是衣冠楚楚,出入交际场中,谁晓得他晚上睡的地方,又凄惨,又危险!晓得的都说他脱底,不晓得的依然当他大少爷。

四一 打过明白

凡是打架,甚至战争,往往一时之气,非打不可,便不顾一切,打得不亦乐乎,到事后想想,方始明白一切,这叫做打过明白。所以现在遇到受不下气的事,往往不去考虑一切,打了再说,这也叫打过明白。意思就是事前不必使对方明白什么,好在他事后,总会明白的。如果当时明白了,说不定会打不起来。

美国的南北战争,一打打了十几年,究竟那一方面对,那一方面不对,谁都不知道,当时打得糊里糊涂,后来大家才明白这战争太没意思,这也是打过明白。

在电车中,有人踏了我的脚,他反而其势汹汹,等到我一生气,他先动手打人,我自然也不肯退让,双方打起来,幸被其他乘客劝开。我回到家里,一摸身边,一只小皮夹没有了。我才明白这打架的作用,这也是打过明白。军阀时代,有名的江浙战争,我们江浙两省的老百姓,牺牲了无数的生命财产,到后来,才明白这是齐燮元和卢永祥他们俩抢鸦片,这也是打过明白。

国际间的战争,表面上双方都振振有词,似乎都是为着正义,情愿把自己的国家,去孤注一掷,到后来分了胜负,才明白都是外国的军火商人作祟。双方都由他怂恿而成。人家死的死,伤的伤,跛的跛,亡的亡,他倒两面做生意,荷包里满满的。大发其财,这也是打过才明白。

四二 吃 价

吃价,乃有价值之谓。故此吃,既非吃饭吃点心之吃,亦非"吃得死脱"之吃,与船只吃水若干的吃字相似。吃价二字之用途,有时与吃香二字相同。

譬如主妇们每天清晨去买小菜,本来当然时鲜货最吃价;但自小菜场上有了限价以来,鱼肉买不到,自然鱼肉也很吃价,于是大家只好吃些青菜豆腐。如此,青菜豆腐顿时也吃价了。顾家姆妈在康乐酒家吃喜酒,手上一只钻戒,大得有七八克拉,光彩夺目,翻头很足,大家都晓得这只钻戒很吃价,因此就有人钉梢,她去看绍兴戏时,这只钻戒,就在吃价的情形下给那贼骨头偷了去了。

但吃价二字,不一定指高贵的东西而言。譬如暴发户朱斗山本来是个俗不可耐的东西,因为他是皮匠出身;不料他儿子结婚的一天,贺客之中,竟颇有几位所谓社会贤达,倒很吃价。而且他的客堂中,所挂的字画,很有些古货,都不是赝鼎,识货的人,都觉得很吃价。

黄毛丫头黄毛小姐,到了上海,不过三个多月,居然成了一个很红的交际花了。初来时,每天自己摸腰包,吃幺六夜饭。现在有人要请她吃一顿饭,也非有大面子不可,这情形相当吃价。

四三 照子过腔

我们面孔上的两只眼睛，宛如一对照明灯，亮晶晶的所以照耀四处。所以眼睛称为照子。而瞎子称为严照，意谓照子严重也。瞎子称不瞎的人曰显照，乃照子显明，可以任意照耀四方也。眼眶亦称眼腔。

照子过腔，就是说眼睛不在腔内，宛如戏台上的做工老生，来一下斗鸡眼，两只眼睛都不在眼腔之中，过了腔，什么都看不见了。所以凡一个人无目力，不识人，或不识物，看起来容易豁边的，叫做照子过腔，亦称照子弗亮。

扒手阿狗，在电车里摸袋袋，看见一个大块头，袋里很饱满，他先上去一搭腔，知道里面有皮夹子，于是便动起手来；那里晓得这大块头，却是个精光麻子，顿时阵上失风，被拖到行里去，阿狗真正照子过腔。

交际花杨小姐，认得了一个印度小白脸，听说是南洋华侨之子，两个人非常热络，不多几天，杨小姐的钻戒手表等等，一齐被小白脸骗了去，杨小姐到此方知自己照子过腔，于是急急追究；不料小白脸避不见面，只寄来一张领到工钿的收条。

奸商们逃避资本，私套外汇做种种不法的勾当，好在他有靠山。这靠山硬到弗能再硬，而且他一向代替靠山做生意，也帮靠山发过财，所以他自己很胆大，只管做去；不料一朝出毛病，奸商跌进囚牢，总以为靠山会来营救，那知靠山无能为力，做了黄牛，奸商只好自叹照子过腔看错了人。

四四 勃头颈

凡设计作弄人,叫做勃头颈,设如张阿三设计作弄王阿四,就称张阿三勃王阿四的头颈。意思就是钩住了对方的头颈不放,使他立脚不稳,身体失去重心,便将他勃倒在地上了。勃头颈一语,流行得并不长久,如果在三十年前,一定不称勃头颈而称拉辫子。因为辫子生在头上,拉不着则已,只要一拿到手,无有不能将此人拉倒在地的。自从剪辫以后,头上光塌塌,无从着手,只好勃头颈了。勃头颈的目的,在勃倒。勃倒与打倒,意味有些相似;但打倒不过标语上写写"打倒某人",虽然明做,其实不过说说而已。勃头颈则不然,完全是暗中举动,不使对方知道,而下这一下手段,如果你勃我的头颈,而我知道了,也勃你的头颈,这就是斗法了。

  勃头颈一语,虽然是白相人地界的熟语,其实勃头颈的举动,在政治舞台上,竟常常使用,尤其是甲党对乙党,丙派对丁派,惯用这手段,某人上了台,反对派便暗中活动,计划勃他头颈,有时利用学生,来一下大风潮,大罢课,使各方响应。有时玩一下工潮,使工人们借一个题目,要求什么什么,来一下大罢工。弄得这位台上人,一时焦头烂额,难以对付,一不小心,竟会被他们勃倒;但有时台上人,也会勃台下人的头颈,捉到几个犯法的人,当然是办他的罪,虽然捉到的,是些小喽啰,而那大头目怕牵涉,也只好一溜了事,这也是勃头颈。

四五 跌囚牢

囚牢，乃囚人之牢，即牢监也。跌囚牢，有跌进囚牢之意，即入狱下狱收监进监等之谓，不用上面的入下收进等动词而称跌，却另有一种意味。一个人站立不稳，必致于跌，所以跌囚牢一语，谓一个不能安然站立在社会上，跌倒而进囚牢也。此跌乃无形之跌。

昨天谈勃头颈，但使他人跌进囚牢，亦勃头颈之一种方法。本来欲加之罪，何患无辞，只要我有势力，要勃人家头颈而使之跌囚牢，也很容易。尤其是白相人地界，总有什么短处，捏在人家手里，要勃他头颈，只消装个由头，也就可以使他跌囚牢了。

不过跌囚牢一事，在白相人地界，并不是绝对丢脸的事。这真是叫一则以喜，一则以惧，往往吃了官司，坐了牢监出来，他的身价地位，总会比以前高一些。如果跌进了好几次囚牢，此人一定会大有窜头。

绅士们吃汉奸官司，就完全相反，跌进了囚牢，到一朝出来了，顿时变成臭盘，谁都看不起他了。独有白相人，视跌囚牢为一种本钱，好比出洋去镀过金，站出去特别有面子似的，虽然吃一些苦，将来可以身价十倍，而且大有不跌囚牢不足以立身的教训，这是局外人所不明白的哲理。

四六 PAWN

PAWN为一动词,泼盎切,我为了找不到一个相当的字,或同音的字,所以只好借罗马字来用了,凡将东西拿到典里去质当,这就叫做PAWN。

人不分穷富,都要面子,而且越穷越要面子,所以虽然说典当是穷人的后门;但穷人们口中,决不肯提典当二字,一定要说"娘舅家",譬如当掉一件大衣,总说:"一件大衣,寄到娘舅家里去了。"

近来还有那些隐贫朋友,称典当为"尚田银行",往往说"今天要缴房钱,只好到尚田银行去提一笔款子出来了"。穷人讳言典当,连日本人也有这种习惯。他们的典当。本称质屋:但民间的切口,叫做"一六银行",一六为七,七与质同音也。大概尚田银行,这名称,说不定还是从意译而来。

典当这名词,虽有种种称呼,而质当的动词,只有白相人们有这么一个PAWN。发音简单,倒很爽气。譬如朋友来借钱,往往说:"我那里有钱!昨天解会钱。把大蓬都PAWN脱哉。再要FAWN的话,只好PAWN霍血了"。身上衣裳,一件件当去,如果连短衫都当掉,那只好躲在被窝里不起身,赤条条实行孵豆芽了。

四七 落门落槛

落门落槛,亦称落路。惟十年前与今日,此语之意味,大有变迁。落门落槛,谓大门关落在门槛上,不宽不紧,恰到好处。昔日此语,有舒服之意。例如"侬今朝有吃有穿,落门落槛,穷爷现在弄僵,来通通商,侬就假痴假呆,真弗写意。""阿桂姐嫁着仔迭个恶而蛮,常常坐仔汽车出来,交关落路!"总而言之:落门落槛、或落路,都是舒舒服服的意思。

到了今朝,落门落槛,便有循规蹈矩之意,与所谓"毡毯角四面走到",同一意味。一个人对人对物,样样思前想后,十分周到,叫做落门落槛。也是大门落在门槛上,不宽不紧恰到好处之意。如果一个人只有自己,没有别人,行动有对不起他人之处,这就叫"弗落槛"。言大门尺寸不对,不能落在门槛上也。吴老大在过房囡登台表演的一天,替她捧场,邀了许多朋友来,他招待得很周到,真正落门落槛。第二天,吴老大拿过房囡的一件豹皮大衣,偷偷地送入娘舅家,这就弗落槛了。夏老九到朋友家里去,看见朋友的女人,就贼脱嘻嘻的嫂嫂乱叫,嫂嫂倒一杯茶出来,他就用手去接,顺便搔搔手心,实在弗落槛。

四八　搁　血

古人称钱为泉，意思说金钱宛似泉水，会源源不绝的流着，所以金钱是今日去，明日来，永远不会断绝的。今人称钱为血。血与泉比，确是血来得高明，因为泉水从山上流下来，有去无来，似乎不能比钱，血液是循环的，周而复始，只管在人体内流着，这似金钱的来来去去，永无停止之时，比了泉水的有去无来，更为确切了。

因此金钱称血。亦称血血儿。富有的人，称旺血。贫穷的人，不称贫血而称搁血。什么叫做搁血？就是血在人家袋里，不会流到我这里来的意思，处于搁血境遇的人，自然要动脑筋，设法输血了，一个人缺了血，顿时会使心脏无法活动，比死还难受；但一个人钱太多而成了旺血，便致血压太高而中风，试观富裕的人，大家要转他的念头，绑票强盗欺诈美人计等等，都可以会使他突然失去一大部分财产的危险症。患搁血症的人，大概都是无用之人，往往想不劳而获，他的治疗搁血，他决不会治本，而去设法打补血针。他只会治标，去转人家的念头，所以只晓得今天向张三去挨血，明天向李四去挨血，几个户头一挨完，依然搁血。所以任何疾病，治标只能图一时，治本才可以谋永久。

四九 交 落

交落,亦作搅落,破钞也。一个人如果闭门家里坐,无亲无友,就只消有些生活费,也可以支持了,金钱决不会从袋内落出来。假使有三朋四友,都是些酒肉之交,那末,今天他请我吃酒,明天我请他吃饭,就要交落钞票了。交则落,谓之交落。如果拜了一个老头子,顿时会产生几百位同产弟兄,交游便广阔了。于是一个月中,红白帖子,总要来这么十几次,不是"鄙人三十初度",便是"外祖百龄冥庆",这种搅七拈三的交际,当然钞票非出松不可,这就应当叫做搅落。所以不交不搅,钞票便无落地之虞。

色迷迷的朋友,认得了一只寡老,那末,吃饭吃咖啡,跳舞看电影,当然一面头开销,交落相当的大。等到肚子一大,她的父母出场,来办交涉,大小姐困大了肚皮,如何办法?那就得大大的交落。假使说愿意娶她为妻的话;但是她从小已经订过婚,要把这件婚姻退掉,这一下的交落,更大得可以,这还是规规矩矩矩的人家的小姐。

如果是一只来路不明的寡老,那末,她的目的,根本就是要你交落。她的条斧,会一五一十的开上来,昨天买皮鞋,今天做旗袍,还是小事。一忽儿母亲生病,一忽儿哥哥吃官司,都要借此叫你交落。你若开了房间,与她窝心的话,忽然会有三四个陌生小伙子,闯进房间来,敲竹杠,又是要你交落,总之:只要你拿得出,你的交落,是层出不穷的。

交也落,搅也落,能够不交不搅,当然天下太平;但有时说不定你虽不交搅,人家自然而然会来与你交而且搅,要你落去钞票的。

五〇 蜡　烛

"敬酒不吃吃罚酒"的人，叫做蜡烛，即使蜡烛气味不甚浓厚的，也称蜡烛脾气。"蜡烛不点不亮，"这是说明蜡烛除了把他点起来给人家得到一点光明外，毫无用处。而"蜡烛不点不亮"一语，与"不见棺材不哭"，"胡桃要敲了才吃"，是姊妹语，意思差不多的。总言一句：凡不识相的人，大半都是蜡烛。

俗语之中，我最爱"蜡烛"一语，因为他含有哲理。蜡烛外面穿红着绿，而且他的心很直，把他点起来，人家虽然可以得到光明，但是他的本身，却越点越短，可以短到灭亡，所以点的时候，蜡烛是有泪的。

蜡烛虽然无罪，而人的脾气，决不可像蜡烛。人像了蜡烛，便是一种社会上被人看不起的无骨之人。

公共汽车上来了一个西装的年轻客人，不肯买票，硬说是军人。要他符号，他拿不出来，卖票的与查票的，盘了许多唇舌，他还是咬定牙关，不花钱，而且其势汹汹，口中滥骂人，不料来了一个宪兵，只说了两三句话，便把他拖下车去了。他很服贴，这就是蜡烛。

朝晨小菜场上，等警察走了，谁肯再照限价卖？个个把价钱抬得很高，而且神气活现，对待买客，宛似相骂。主妇们无法，只得忍气吞声买他的黑货；不料买客中来了一个男子，是便衣警察，要把那些卖黑市的捉去，于是他们就跪下来叩头，这也是道地蜡烛。（明日刊"摆华容道"）

五一 摆华容道

曹操八十三万人马，败得干干净净，只剩一百多人。曹操便带了他们逃命；不料逃到华容道，又听得一声炮响，闪出一群人马。其时曹操，真吓得魂不附体。难道这一百多人还可以经得起再与人战斗么？逃是已经逃不了的了。曹操的预料，晓得这里再会遇到敌兵，必定有死无生的了。

所以白相人地界，凡是威胁对方，叫做摆华容道。譬如讲经头的时候，特地叫了数十个拳头大臂膊粗的打手来，守在旁边做样品，使对方看了，晓得他兵精粮足，万一今天讲不下来，必致一场恶斗，这几十个打手又高又大。那里吃得消呢？于是一吓，自然软化了。

摆华容道，不独盛行在白相人地界。那国际间，也常常应用着这一套，国际间本是一班大白相人，自然摆华容道，也是一种少不了的手腕，曾记得战前日本驻兵我国北方，便常常来这一套，每当外交上有什么问题时，日本兵就要演习巷战了，这就是摆华容道。

最近苏联在柏林，用兵来封锁，也是摆华容道，不过这一下的华容道，决不会像关公那么感谢曹操昔日的优遇，而会放他逃走，说不定他的摆华容道，并非红生主演，乃是普通老生演一出硬性的空城计罢了。

五二 大亨

亨，通也，不是动词，是形容词，大亨便变了名词，凡"城头上出棺材"，兜得转，没有此路不通之虞，这便就是亨，亨不过在一方面兜得转，如甲在城头上兜得转，乙在城外头兜得转，丙在铁路上兜得转，只要有一方面兜得转，这便可以称得亨，这亨还不过是小亨，小亨只能够囤囤货，走走私，做做奸商，发发小财而已。

如果不仅一方面兜得转，而可以多方面兜得转，上自政府要人，下至白相人地界，都有交情，都有联络，那末，其他士农工商，更不必说了，当然也是路路通，这一种各方面兜得转的人，就可以称大亨了。大亨是了不得的人物。有什么纠纷，有什么疑难问题，只消大亨站出来。讲一句话，那真比政府的快邮代电还要灵，谁敢不依他！

一个人能够亨，已经可以在社会上做一些滑头事业了，如果再能常常出入于大亨之门，那势力就更大了，因为一朝有什么事情发生，便可以托那位大亨站出来讲一句话，这件事情就可以迎刃而解了。倘能自以为亨，而背后没有这么一个大亨，那末，自己的亨，恐怕发展有限，不易派窜头。

大亨虽然上下纵横，路路可通；但时至今日，大亨也不容易做了。万一大亨也遇到柏林苏俄那种情形，人家也给你一下封锁，大亨就糟了。大亨的价值，就在路路通，现在来一个喜欢封锁的人，各处给你封锁起来，大亨走来走去，都是此路不通，大亨就完了。大亨发了财腰里有了条子，就成大亨，可以享受一切了。

五三 拔苗头

凡一件事情，在事前往往不容易知道他的真相，假使要在事前就想看出他的计划来，那末，必须探听口气，观察行动，侦查周围，于是才能推测到此事的真相。这探听观察侦查等等方法，叫做拔苗头，亦称别苗头。

无论种什么植物，种子种在泥中，先钻出来的一两瓣嫩叶，这就叫做苗；但在苗的时代，不论是那一种植物，都是一瓣嫩叶，看不出那一棵是麦？那一棵是豆的，倘使一定要晓得他是什么植物，那末，只有把这苗头拔起来，看看他的根上，到底是麦？还是豆？这就叫拔苗头。假使苗略为长一些的话，内行的人就不用拔，拿他的叶子来辨别，也可以判断了，这就叫做别苗头。

现在国际之间，要晓得对方的军备情形如何，往往从他们海关的进口统计上调查，就可以晓得他们军用品的需要。或从他们的工业状况上调查，就可以晓得他们可改为军需工厂的有多少？这也是拔苗头。

交际花对于拔苗头的工作，相当熟练。她们新认识了一个小白脸，往往先和他打一次牌，就可以知道此人的脾气如何？手面如何？再留心着他所坐的汽车，何以忽而黑牌忽而白牌？再设法到他家里去玩，要观察他的家庭情形，就可以明白他父亲的地位和他家财产状况。拔出了苗头，才可以交际下去，拔苗头是她们的必修课。

五四 温　功

温为温存体贴,功为功夫。温存体贴的功夫,略作二字曰温功。也可以说是温侯对付貂婵的功夫。不冷不热,谓之温。如果男女之间,太热烈、太火爆的话,说不定对方会当你色情狂,假使太冷的话,对方又会疑你薄情,所以要不冷不热,才恰到好处,因此,热功淡功,都会失败,只有温功,才能使对方舒服满意。

功夫与工夫同,功既同工,那末温功用上去,对方手头宽的话,便有发工钿之可能。你给她温暖,她给你代价,劳工神圣,也很正当,功夫太热了,会烧痛她的皮肤,功夫太冷了,会冻结她的爱情,用摄氏三十七度的体温,去接触对方的摄氏三十七度体温,可使体温表上不致高升下降,温和之至。

潘驴邓小闲,不过是资本,这温功,乃是一种营业方法。常言道:死店活人开,如果单单有这五百万资本,还是一爿死店,假使再有温功,就是这店十分克己,廿分迁就,自然主顾们高兴了。

温功与嗲劲,大有关系。温功的成份中,不能不有百分之几的嗲劲;但不可全用嗲劲。如果全用了嗲劲,那便是发嗲,作嗲,以嗲为主,就失去温功的本意了。必知温功之中,虽要有几分嗲劲;但不可拿全部嗲劲来冒充温功,总之:温嗲之间,界线不很清楚,使用者宜注意之。

五五 装由头

装由头,亦称装笋头,换一句话讲:就是借一个题目。凡对人有何举动,如敲竹杠拆梢之类,必先借一个题目。说他借钱不还,或说他背地骂人,这叫做装由头。有了由头,方可敲竹杠拆梢。在前清时要陷害人,说他是革命党,这也是装由头。强盗闯到人家去,决不会说我乃强盗是也。他往往说:我们来查烟土,这也是装由头。

装由头一语,出自刀笔先生。凡呈文上的事由,他们叫做由头,官场中不及看全文,单把由头录下来,叫做摘由。试举两个由头,例如:"呈为拟娶寡嫂,以续宗嗣事""呈为僧尼并房同榻,以免利权外溢事,"这都是由头。叔娶寡嫂,僧尼同居,本来是荒乎其唐,只消由头装得正大光明,就可以写到呈文上去。

日本人要夺我们东北四省时,便去牵一个溥仪出来,装一个民族自决的由头,真是何等的巧妙啊!电台上要揩几天长期客户的油,就装一个由头叫特别节目。往往丈夫要离婚,说妻子不守妇道。妻子要离婚说丈夫虐待遗弃。双方各有一定的由头。现在的世界,只要由头装得好,可以夺人家的财产,挪人家的性命,甚至亡人家的国。由头由头实为万恶之首!

五六 太平山门

有人问我：为什么骂人称山门？惟僧寺方有山门，普通人那有山门？骂山门必有所典。我当然回答不出；但只得强词夺理，说道：我曾发现过两次，是真性的骂山门。一在水浒上，鲁智深喝酒醉了，回到寺中，见山门紧闭，他开口大骂，后来便是醉打山门。一在西厢记上，孙飞虎带了人马，把普救禅寺围住，他自己在山门外大骂，要寺中交出莺莺小姐去做他的压寨夫人。这两个故事，大约就是骂山门的发明者，所以后来骂人，都称骂山门了，山门上面，再加太平二字，这是什么意思？须知骂山门之后，必继之以打，即使夫妻口角，往往也会弄到大打出手的。太平山门，就是一种决不会引起打架的骂山门，虽然骂得狗血喷头，依然太太平平。因太平山门是没有对手的，所谓村妇骂街，她不指定什么人，她不指定什么事，含含糊糊的骂，即使对方明知是骂我，也无法接口，因为没有说出他的姓名来，假使他借着骂鸡来骂邻人，借着狗来骂亲友，这都是太平山门。近来国际之间，也有太平山门，大人物的演说中，大骂其某国。用某国二字，也有太平山门的作风；不过倘使某国真有背城一战之意，那就山门而不太平了。报纸上的社论，有时也常骂太平山门，其实这不过是弱者在纸上发发牢骚而已；但第二天，往往会有纠纠武夫前去问罪，这也是山门而不太平。总之：太平山门，最要紧是骂得不着边际，非常太平才称恰到好处。

五七 弗摸鸾

凡无势力无能力的人,叫做弗摸鸾;但这是比较的话,专对某事而言。譬如一个人昔日很有势力,很有能力,什么事都办得到,现在事过境迁,就弗摸鸾了。例如"张公馆有啥个道理!现在状元是弗摸鸾个哉。伊拉孙子吃仔雅片烟,照样捉进去。"也有不指人而言。往往是比较话,不是绝对话。

凡乱坛上扶鸾的人,他的势力能力,相当的大,无论你是什着大人物,大好老,不来则已,来了的话,她只消在沙盘里写出字来,就要你叩头,你只好叩头,要你捐钞票,你只好捐钞票,谁都不敢反对的。

这叫做一朝鸾在手,谁敢不低头。因为他靠的是神仙鬼怪的牌头,人家怕作祟,怕到霉,怕不保佑他发财,所以要罚就罚,要捐就捐,个个服贴的;不过这扶鸾的人,一朝不干了这高等关亡的玩意儿,人家便不怕他,他也不能把人家要东就东要西就西了,在这时候,这扶鸾朋友,便是弗摸鸾的境遇了。

试观上海的奸商,以前神通广大,囤积走私,私套外汇,什么都可以做得很顺利,就是因为他与贪官污吏,都有联络,所以无往不利;不料现在贪官污吏们,枪毙的枪毙,吃官司的吃官司,奸商们就弗摸鸾哉!

五八 戚门陆氏

戚门陆氏一语，为重门格，谜语，盖谜底之下尚有一谜底也。戚陆音同七六，而七六则为十三，其谜底为十三点，犹"电话听筒""户口米""斤少三"等等，同射十三点也。十三点为何意？又是一个谜语。按癡字简写作痴，此痴为十三笔，故凡喜怒无常而带些轻微性疯疯颠颠的女子，叫做十三点。戚门陆氏，就是指这一种女子。十三点式之精神病，称为"歇斯的里"，为女子专有之病，歇斯的里为腊丁语，作子宫解。此病实来自子宫，因子宫上有病而影响及精神也。故十三点女子，因称戚门陆氏，而无戚家六少爷也。男子若亦有此种喜怒无常之态，乃普通精神病，而非歇斯的里，非十三点。

戚门陆氏，往往会忽而哭，忽而笑，而哭笑的原因，又并非为悲伤而哭，为喜悦而笑，与常人不同。每在经前经后及经期中，发作得最厉害。接近十三点女子的男士们，不可不知。

十三点女子，你惹骂她，她未必生气，说不定反而会笑。你若与她相戏，她说不定会发怒，弄得你捉摸不定。孔夫子说：惟女子与小人为难养也，近之则不逊，远之则怨。这就是说十三点的表现。为什么不称戚家六小姐而称戚门陆氏呢？因为这是终身之病，即月经完毕以后，到了五六十岁，还是不能改变的，依然是个老十三点。

五九 冷气黄鱼

黄鱼不能天天有,这是一阵一阵来的,所以捕捉的时候,也在黄鱼阵的时候,一船一船去捕捉,无不满载而归。于是一大批一大批的黄鱼,来到市上,当然新鲜的黄鱼,一天卖不掉,其他余下来的,只好放入冷气间内,以后络续拿出来卖,这就叫冷气黄鱼。日子一久,黄鱼虽然在冷气间内不致腐败,到底味道差些,而且颜色也不很黄了。我们到小菜场去,如果时候早的话,往往可以看见鱼贩正在将黄鱼着色,用一种黄的颜料,涂得如桂圆一般全条是黄的,而且也是一条一条的,所以称为黄鱼。大条子叫大黄鱼,小条子叫小黄鱼,本来金条的买卖,都是金业中人,后来因为民间藏金家,愈来愈多,于是那些内行,就要动脑筋,把条子之中,混些其他金属进去了,七铜八锡,五铅六铁,这样一来,赚头更多,听说十条会变十一条,这种变味的条子,也叫冷气黄鱼。

自从黄金收为国有后,人家家藏的大黄鱼小黄鱼,一起送入中央银行,每天排着队,浩浩荡荡,实在不少。于是所有的黄鱼,不论大小,一齐进中央银行的冷气间去了。从此以后,市面上黄鱼绝迹,无论新鲜黄鱼,冷气黄鱼,谁都看不见了。

六〇 老 爷

老爷本有四种：一为虚无的，如天老爷城隍老爷，灶家老爷之类。一为官之尊称，如青天大老爷等，一为年高而有身份者，下人们称之为老爷，在前清，非举人以上，不能称老爷。四为挖苦语，如倒老爷瓦老爷之类。虽说老爷不见经传，在宋元时才有此称呼，这是从外国人带来的，故老爷实非国货。

以上的老爷是代名词，我现在要谈的老爷，乃是形容词。凡行动迟缓冥顽不灵的东西，叫做老爷。如"老爷马车""老爷汽车"之类，这形容词单独用的时候，下面须加语尾，如"老爷式气"。这式气二字，便是形容词的语尾，大半这形容词，都装在名词之上，如"老爷汽车"等等；但偶然也有装在名词下面而成名词者。譬如机关里的茶房，小职员对他们往往差唤不很活灵，于是背后都称他们为"茶房老爷"，其实，这明明是"老爷茶房"。为什么行动迟缓、冥顽不灵的东西，称为老爷呢？这来源还是出在官厅机关之中。那些衙门中办公的，大大小小，都是些老爷；"名词"但无论什么事，一经这班老爷之手，便会行动迟缓，冥顽不灵，弄得老爷式式气了。譬如一件公文，送了进去，几个月才批出来的，已经可称闪电式了。更迟的，三年四年，不算稀奇，甚至石沉大海，也未尝没有。总之老爷做的事，无不老爷式气，所以行动迟缓的，便称为老爷了。

六一 酥桃子

上海滩是人吃人的地方，所以与人交际，碰碰讲"吃吃伊""吃吃侬"，要想把人家吃掉，人家强硬些，当然吃不动，人家懦弱些，就非吃掉不可。苏州人称容易欺侮的人，叫"好吃果子"，就是说容易吃的果子，栗子有刺，胡桃有壳，吃起来颇麻烦，好吃果子，便是吃起来极便当的水果，上海人就叫酥桃子。

不称果子而称桃子，已把范围缩小，桃子之种类很多，特别提出酥桃子，更把范围缩小了。桃子有的生硬，有的酸涩，都不好吃，独有酥桃子，只消剥破一些他的皮，可以用嘴凑去一吮。那桃肉酥得成一泡水，所以可以一齐吃到肚里，只剩一个核和一张皮。酥桃子，是没有牙齿的人也可以吃的。"侬弗要当我酥桃子"，便是对方不甘示弱的表示。上海乱人地界，称口为樱桃，又把樱桃简称做桃子，所以凡是对那些不会说话的人就叫做酥桃子了。遇到什么两造纠纷的事，在茶馆里吃讲茶，讲经头的时候。那个站在中间判断是非的大亨，当然说出话来会使双方服贴；但双方的辩白，在这时候，也很要紧，如果有一造言语支吾，或者语病很多，不能说得头头是道，这就是所谓酥桃子了。酥桃子在这时候，当然要被人吃掉。讲经头不会把六法全书作根据，全靠三方面的樱桃伶俐，那位大亨，当然是讲经头的专家，说来会大有道理。而甲乙两造，如果一方面是酥桃子，便会被人吃得连皮和核，都不剩一些的。

六二 吓坏人

吓坏人,是上海人的夸张语,并非真会把人吓坏;不过对于事物,过甚其词而已。

一个乡下人,到了上海,借宿在亲戚家中,打算玩几天,他从乡下带了几斤肉来,送给这位亲戚。亲戚拿了肉,非常快活,说道:"多谢你。你不晓得近来上海买肉,很不容易,都要排队,小菜场肉摊上的人,多得真吓坏人!"乡下人心中暗想:我送肉给他吃,无怪他快活。原来上小菜场去买肉,那买肉的人,多得会吓坏人,岂不可怕!那亲戚接下去再说道:"你明天有工夫的话,我领你到小菜场去看看排队买肉!"乡下人听了,便摇摇头,他暗想:我何必自讨苦吃,一向身体很好,万一到小菜场,把我吓坏了,大则吓破了胆,就此送命,小则吓得疯疯颠颠成一个痴子,真不值得。我万万不去,所以他回答道:"肉摊没有什么好看,明天还是到黄浦滩去看看大轮船罢!"那亲戚一听,很得意的说:"很好!明天先领你去看外滩大轮船,回转来,逛逛百货公司,那大轮船你没见过,大得真吓坏人。还有那四大公司里面的商品,样样都有,多得吓坏人。"乡下人一想:上海到处都会吓坏人,上海人的胆子,真太小了。

第二天,亲戚领了乡下人到外滩去看大轮船,果然比乡下的船,要大上几百倍;但乡下人觉得自己心脏很强,并不吓。看看路上往来的人,对轮船,见如未见,胆子更大。后来他再跟了亲戚,到先施永安新新大新去,一一参观,乡下人仅觉眼花缭乱而已,吓倒不吓,而且也不见有人吓得晕倒,吓得发疯,从此那亲戚再说到吓坏人时,乡下人笑道:吓不坏的。

六三 吃豆腐

吃豆腐,也是一个谜语。凡"在死人人家和调"叫做吃豆腐。一家人家死了人,当然事情很忙,要请些人来帮忙,亲友邻居以外,有时也有请陌生人来帮忙。外人来了,当然要请他们吃饭,小户人家买几板豆腐做小菜,大户人家,发帖子,请司丧,帖子上写"敬治豆觞,恭请光临"。所以办丧事,非用豆腐不可。虽然大户人家的豆觞,尽是些鸡鸭鱼肉,而名义上总是豆觞,吃的人总称吃豆腐。至于请去的陌生人,虽称帮忙,其实凑凑闹忙而已。换一句话说,简直是和调。所以在死人人家和调,就叫做吃豆腐。我们想:死人人家,岂是和调的所在?因此,上海人凡对于不应当和调之处而竟和调,便叫做吃豆腐。

吃豆腐既成了一句普通俗语,这吃豆腐一语,又可作开玩笑寻开心等解释。譬如"在路上遇见一个女子,便向她任意搭讪,问三问四,那女子如果不开口,见她右手携着一个小孩子,便说小弟弟你叫我一声爸爸。到女子开口大骂,他便贼脱嘻嘻的走了。"这就是小抖乱滥吃豆腐。又如"上电车时,见一陌生女子,坐在自己旁边,自己便自得其乐,买了两张票子。对卖票人说是一起的,那女子大窘,便喊卖票人来买票,如果自己老着面皮,把一张票子,递给那女子,说不定那女子会掷在地上。"这种吃豆腐,吃得不得法的时候,说不定会豆腐里吃出骨头来。吃豆腐的本意,是为死人人家和调;但最公开的吃豆腐,倒相反地在喜事人家。闹新房,便是传统的吃豆腐。在礼堂上硬要新郎新娘宣布恋爱经过,弄得一对新人面红耳赤,这也是应有的吃豆腐。

六四 邱路角

邱者,劣也。坏人称为邱人。亦称邱六桥。这大约是借用弹词珍珠塔上的强盗邱六桥的大名。珍珠塔是一部妇孺皆知的小说;但这邱六桥的大名,似乎有些不伦不类。小说中人的命名,好比舞台上角儿的脸谱,总要能够表现得出他的个性来。六桥三竺,是何等幽雅的地方?如果拿来做一个诗人或画家的雅号,那倒还可以。一个强盗叫邱六桥,未免可惜;上海人称坏人为邱六桥,完全作代名词或形容词用的,例如"周老二真是邱六桥"。"毛阿大有些邱六桥式气,要当心"。

路角,乃方向也。譬如米店里朋友,拿了一把米,看一看,就可以明白这米是什么路上来的,或无锡货,或松江货,一目了然,故路角也有来路之意!这米是那一条路上来的,内行看得很清楚。邱路角,就是一个人从旁边的人看他的举止行动言语表情,而下一句断语,说道:"此人是邱路角!"虽不能断定此人做过什么不端的事,总而言之:此人路角很邱,即来路不好,坏地方,当然出坏货,他的性质,已经可以断定了;但不知他坏到何等地步罢了。邱路角,是把社会上的人,分起类来,做一个项目罢了。譬如一家公司中,有这么一百个人吃饭,其中必定有一部分是邱路角,日子一久,自易辨别。而且邱路角很平等,不一定产生在下级,说不定经理先生,也会是邱路角的。

六五 孵豆芽

中国人吃的蔬菜中，有一种奇妙东西，这是外国蔬菜所没有的，乃一半是农产品，一半是工业品，这就是豆芽菜。豆芽菜是把黄豆或绿豆等加工而成，所以不是纯粹农产品，乃加工过的。加工之法，将黄豆或绿豆，先浸湿了，装入蒲包中，丢在一旁，经过了若干日子，他自己会发出芽来。因为不必去动他，听他自己出芽，情形与老母鸡孵小鸡一般，所以就称为孵豆芽。

光棍们把身上的衣服，一件一件剥下来当，当到最后，连短衫也当掉，夏天当然可以赤膊，冷天就只好躲在被窝里不出来，一面守候机会，一面动脑筋，以待日后的发展，这就叫做孵豆芽。

孵豆芽不是丢脸的事，乃大丈夫必经之路，试观上海滩上，天天坐着汽车出入的大亨们，那一个不是从孵豆芽孵出来的？吃过了这山穷水尽疑无路的苦头，自然会有柳暗花明又一村的发展了。

孵豆芽也和结婚与旅行一般，往往有集团举行；不过没有人代办集团孵豆芽而从中取利罢了。集团孵豆芽，他们都在小客栈里举行。譬如七个人，穷得只剩一身衣服了，于是便实行集团孵豆芽，六个人孵在被窝中。由一个人穿着衣服出去想法子；但这出去的人，是七位仁兄轮流的，今天张三，明天李四，如果有一个人有什么生路，当然有福同享。将来大家飞黄腾达之后，纪念昔日的孵豆芽时代，就称他们为孵豆芽弟兄。

六六　摘台型

自己装面子，叫扎台型。使人家丢脸，叫摘台型。甲要扎台型，乙与他吃斗，便去摘去他的台型。故扎台型与摘台型，是对结的。而且扎与摘，声音颇相似，极易混淆，应注意之。那末，台型究竟是什么东西呢？台为舞台，舞台上之型，即所谓"亮相"也。就是伶人辣一个架子给观众看看。据说当初有一位红武生，得罪了观众，就有人故意丢他的脸，在他刚刚打完而亮相之时，忽然台下许多人，把甘蔗头和烂水果，一齐向他身上乱掷，雨点那么的下来，这红伶遭这一场侮辱后，就此大倒其霉。那些捣乱的人说：你要扎台型，我们就摘你的台型。

沈巩伟把洋囡囡李珍，带到自己家里去睡觉，对他老婆大扎台型。他老婆不服贴，便去捉奸，摘他们的台型。这一场风波下来，结果，沈巩伟与老婆正式离婚，又把台型摘下来了。不多几天，报纸上，又有沈巩伟与李珍已于某日在本宅结婚的启事。似乎以前摘台型还不满意，再要扎足台型。不料沈巩伟之父，也登一个启事，在报上说道：某日结婚，本宅并无其事。而且本人始终不赞成此举。这一来，又把这一对男女的台型摘掉了。而且沈妻也想发动攻势，摘他的台型，因为法律上犯过奸淫案的男女，是不能结婚的。更是大摘台型了。总之：这一段笑话，完全从台型上来，摘来摘去，还是没有台型。我们本来有一句俗语，叫摘面子。台型就是面子，扎面子即摘台型，不过没有扎面子一语。所以扎台型一语，以前没有同样的话，譬如搭架子装面子等语，更有些似是而非。因为扎台型不是片面的，而是针对某人或某一方面的。

六七　派头九十六

上海人重派头，凡表面的态度举止，都是派头。派头要大，派头大的人，就会受人敬慕，派头小的人，就会被人看不起。所谓"派头一落"，便是派头大方的意思。如果鬼头鬼脑，处处表现寒酸吝啬状态，这是小派，人家就会说他小儿科。

所以在上海场面上走走的人，第一注重派头。人家目光中，个个以派头取人；而自己要想在社会上混混，也非装出十足的派头来不可；不过虽然自己装得派头十足，而从人家看来，总要打些折头的。装出来的派头，到底有些虚头在内。

譬如黄金，是顶"硬黄"的东西，大同行的银楼，招牌上写明足赤；但是一朝拿到银行里去兑换金圆券时，从他们的鉴别，是决没有十足的，连九八或九九，尚且很不容易，大概都是九六，好一点，也不过九七而已，所以自己以为我的派头十足，而从人家看来，派头不过九十六，因此称为派头九十六。

但派头九十六这句话，并非坏话，不是说他的派头有虚头，乃是说派头已经十足了。因为黄金没有真的十足，而九十六已经是可以说得十足了。九十六之上，不容易再有更足的了。

一个人神气活现，在各处乱混，到东到西，人家看不出他一点儿破绽，就叫做派头九十六。这句话，很含有哲理，须知世界上没有十全十美之人，断不会像学校考试那么有一百分的。有个九十六分，已经是上上大吉了。自己不妨作一百分想；不过从人家看来，总不过九十八。（明日刊第六十六图"别头寸"）。

六八 别头寸

别头寸亦称轧头寸。头寸乃脑袋的尺寸。脑袋的斤两,虽无法知道,而脑袋的尺寸,在帽子店里,都有一定。譬如我的头寸,为七又二分之一,那末,如果戴了七又四分之一的帽子,一定小得顶在头顶上而戴不下去,假使戴了七又四分之三的帽子,那又觉太宽了,一阵风来,可以把帽子吹去,所以帽子必须不大不小,适合头寸,才称舒服。

但别头寸与轧头寸,专指金钱的数量而言。支票开了出去,必定要解足这数目,才可以不致闹退票而丢脸。所以自己钱不够的话,要东移西借,来补足这数目,这就叫做别头寸,头寸别不到的话,就是出了重利息,也要给他轧足,才可以过门。在通货膨胀时代,物价日高,大家要购买东西,所以人人觉得头寸不够,于是今天别明天轧,闹得不亦乐乎。

尤其是商人们,有的款子,月初就得付出;但向人收款,就非至月底不可,这已经要填款一月了;但到月底收来,尽是些二十天的支票,所以总得填款五十天,而且月底一过,月初就来。第一个月应收的款子,虽尚未收到,而第二个月应付的款子,又要付出去了。所以弄来弄去,头寸总是不够,这就要用心去别头寸了。

头寸大的人,也要别,头寸小的人,也要别,大头寸的人,别起来,几十亿几百亿,小头寸的人别起来,几百万几千万,也有人手里头寸太多,自己没有用处的,便可以拆给人家赚利钱,不但这利息很大,就是在中间做一个介绍人,在利息上暗中戴一只小帽子,已经大有可观了。

六九 扮跌相

扮跌相者,装穷也。上海人忽而发财,忽而破产,叫做爬起来,跌下去。所以所谓跌者,就是穷的意思。跌相,乃穷相也。人类的脾气,相当有趣。越是穷的人,越是要装阔气,越是有了钱,越是要装穷。那些住在阁楼上的朋友,走出来,身上的打扮,何等考究,有时到略为远的地方去,他决不趁电车,总得要叫一辆出差汽车,歌舞场中,他每天必到,其实他家里明天的柴米,还没有着落;但是他不能不到那些娱乐场所去交际,去做自己的广告。

到一朝有了几个钱,就会有一百八十度的转变。身上特地会穿老布袍子,做出那种节俭的外表来,应酬的地方,也不很去,每天守在家中,通几个电话,做做投机,如果有亲戚朋友来借钱,他会捞起袍子来,给他们看自己穿的一条破裤子,这就是扮跌相。豪门巨富,达官要人,利用着自己的交际与地位,便私套外汇,囤积走私,无所不为,自己的财产,大部分弄到外国去,国内只剩一些不动产。政府要向他捐特捐,他就大叹苦经,大装穷腔,甚至做官的会说我的官俸,只有几百元。这是大人先生们的扮跌相。常言道,不怕凶,只怕穷。穷可以说是一种法宝,上海的棚户,大半都是扮跌相,连盗贼都不会去看中他们。其实他们倒很殷实,金镯子有一二副的,并不稀奇,金戒指更是人人都有;但他们决不显露出来,扮跌相就扮到底,市政府也可怜他们穷苦,不敢拆他们的棚,市容如何,只好例外了。

七〇 嘴五舌六

嘴五舌六者,噜苏也。五张嘴巴,有了六个舌头,说话当然很多,而且唠唠叨叨,人家也听不清楚。越是这种废话多的人,越是会向人缠扰不清,容易使人讨厌,所以嘴五舌六,不但言语噜苏,而且还有缠扰之意。

嘴五舌六的人很多,不妨举几个例:第一个会嘴五舌六的人,便是所谓本街弟兄,一年到头,不知要来几次,端午中秋年底外,还有什么打醮等等,来的时候,总是两个人,一硬一软,满口废话,嘴五舌六,闹得人头痛脑胀,总要叫你出了冤枉钱,才肯出松,否则他决不肯走。近来花样更多,本街弟兄还有揎卖毛巾肥皂等等日用品,所以又增加一笔收入了。

其次是,身上穿着制服的一种人,有的坏手,有的坏脚,是否真的伤兵?当然我们外行,也莫名其妙。他们的来意,也是要钱,开出口来,如何为国家牺牲,如何为老百姓保护,现在成了残废,不能再去当兵,所以要你们帮助,……嘴五舌六,说了一大篇乱话,万一不肯给钱,他的气焰真怕人!

还有写捐的人,手拿黄簿,也不说明自己的来历和机关所在及用钱的方法,只自要人捐钱,嘴五舌六,一味瞎三话四。此外更有些"无名杂志",要人家刊登广告,也是嘴五舌六,满口废话。他如讨债的人,也不会爽气,非嘴五舌六,难以有希望。更有一种似曾相识的人,登门拜访,毫无目的,一谈两三小时,嘴五舌六,尽是些牢骚话,总之近来嘴五舌六的人,非常之多,谁都不欢迎的。

七一 放 龙

走漏消息,谓之放龙。龙是见首不见尾的东西,所以表面上神气活现,暗底下他的尾巴,来一下地下活动,便把这消息传给有关人物了。

改革币制的前夕,陶启明要把这秘密放龙了;但不能打长途电话或电报,只好亲自到上海放龙,放给自己的太太,太太去做投机,抛出股票赚得不亦乐乎,这样很道地的放龙,依然会捉将官里去,实在问题太重大了。

上海在租界时代,巡捕房的大头脑,要出去捉赌的话,他自己还没出发,赌场里已既先知道了,早已逃避一空。实因赌

台方面,在巡捕房里上上下下,钱都用到了,所以只消一声命令下来说要去捉赌,就有人会去放龙。后来那大头脑常扑空,自己也有些明白,晓得手下的人走漏消息,所以他以后事前不先发表;但是在他出门之时,赌台方面,仍旧会得到消息。因为大头脑旁边的一个西崽,他晓得是去捉赌,便一个电话,马上放龙了。常言道:画龙画虎难画骨。龙这件东西,他表面下似乎像煞有介事,他骨子里并不是这么一回事,他不肯做团龙,他喜欢放出去的。在战争之时,专把军事秘密放龙的人,叫做间谍。这放龙的方法,真是神出鬼没,千变万化,这可称最大的放龙。小而言之:电车上热心朋友,对卖票的说:"赤老来哉!"这也是起码的放龙。

七二 黄坤山

黄坤山是虚无人物,历史上既无此人,而著名小说中,也没有这样的人物。起初我以为如袁项城黎黄陂段合肥等等,一定有一位姓黄的,昆山人,所以称为黄坤山。后来才晓得不对,这是花会中的一位,与张九宫等为一流人物,据说应作王坤山,乃琅琊而非江夏也。但后来不知怎样的,也算是这王坤山先生的不幸,有人把米田共的别号,称为王坤山了。这样一来,王先生当然要改姓为黄了。苏州小孩子们唱的米田共歌,说道"黄老老,出门就跌倒"。那末,黄坤山似乎应作困山了。我们清早在马路行走,可以瞧见一堆一堆为市容装饰着的米田共,其形如山,所以实在应作"黄困山"。黄困山先生,别号堆佬,亦作丹佬,如果要形容他的好处,不妨抄袭电台上报告小姐们替香烟公司宣传的两句成语,叫"香丝金黄,烟味芬芳",可惜烟支太粗大,黄困山的身体,只能代表雪茄烟了。

读者诸君,不要瞧不起黄困山,以为是脏东西。如果你生了病,医生要你送大便去验,你必须把黄困山捧在手里,送到医院中去。那医学博士,将你的黄困山,放在显微镜下,细细儿观察,觉得其味无穷呢!

七三 发嗲

发嗲,亦称作嗲,人类天性好嗲,故自出娘胎,即有发嗲之本能。试观婴孩在哺乳时代,他抱在娘怀,一面吸乳,一面就用一只小手,去抚摸他母亲的乳房,这就是一个人发嗲的原始表现。所以人人都会发嗲,等到长大以后,因着各人性情的不同,有的完全忘却发嗲,有的还是时时发嗲,有的偶然作嗲,平时并没有什么嗲劲。我们在社会上,在家庭中,还是常常可以看到成人们发嗲的表现。

王家少奶奶,楼下开好了饭,她在楼上,懒在沙发上出神,女仆请了她几次,她方始下楼去吃饭,她坐下来,一看满桌的鸡鸭鱼肉,但是她摇摇头,表示没有胃口吃,后来她呼女仆拿茶来,打算吃茶淘饭,但又吃不惯户口米,只吃了三口,就回上楼去了。其实,她是发嗲。因为王家少爷不回家吃饭的缘故。

北京来的角儿,拿了大包银,还要四管,老板十分优待,当他晚爷一般,他见卖了几个满堂,有了几声叫好,便对着老板,常常说嗓子不行,要请假,要派轻头戏,不能太累,其实,完全是发嗲。假使卖了几天六成座,他就发不出嗲劲来了。

某文人在某报上写一篇长篇小说,这当然是每日刊载的,但有时因广告太多,有时因纸张减少,这小说不免要停刊一天。这停刊的日子,报馆中必定会接到一位自称读者的电话,问"某先生的长篇小说,今天为何不登?我是爱读者之一。"其实,这电话,正是某文人自己打的,报馆里接了电话,都晓得这秘密,知道他又发嗲了。但这种发嗲,未免肉麻。

洋泾浜图说

七四 老举三

孔老夫子说:"举一隅,不以三隅反,则不复也。"如果举三隅而不以一举反,那末,孔老夫子一定要说:"小子鸣鼓而攻之可也。"假使老是要举三,而不以一隅反,也不能说此人太笨,说不定这件东西,有些说不出,画不出,难以形容。所以我们对于一种形容不出的东西,这代名词,叫做老举三。譬如天空出现的飞盘,谁都不知道他的真相,大家说:"格格老举三,弗知到底是啥物事?"

亡友汪仲贤兄,在一家东洋店里,买到一件橡皮东西,形如短棍,不作球形,里面可容热水,他以为是冬天焐手的,拿来给我看,说:"格只老举三,比热水袋便当。"我见了,笑不可仰,我说:"老兄用弗着格,格只老举三,是密司脱角!"他知道了上当,自己也很好笑。后来他把这老举三,送给一个叫梅玲老二的妓女的。

某少年与某小姐,一见倾心,非常热络,就此行闪电结婚,不料结婚之后,马上反目,常常吵闹,大家都很奇怪:为什么会变得这么快?有知道他们秘密的,说道:"老举三有毛病!"

有一个堂子里的小先生,拿了一只如意袋,她莫名其妙,把里面装了水,上面用线扎紧了,挂在窗口,当他装饰品。有一个客人,故意问她:"格只老举三,是啥物事?"小先生说:"阿姨送拨我格,一共有两只,一只拨我常常放拉嘴里吹,吹破脱格哉。我匣弗晓得啥物事。"

张家娘姨清早开门,来一陌生人,问张先生在家否?忽然此人将门闭上,叫娘姨不许开口,右手拿了一根硬绷绷的老举三,塞在娘姨腰眼里,娘姨晓得出毛病,已经来不及了;无奈老举三抵在身上,那里敢开口?

七五 一脚踢

　　一脚踢,本来是一种床帐的名称。此帐以细竹为骨,上张珠罗纱,张开来成一只上部有半圆形顶而下部长方形的纱罩,放在床上,把一个人罩在里面,宛如罩小菜的纱罩,蚊虫当然无法入内,可以安然睡到天明。到清晨醒来,只消用脚向上一踢,这帐子便可以自己折叠起来,收藏之时,非常便当,可以卷入铺盖之中,其名所以叫做一脚踢。

　　上海俗语的所谓一脚踢,乃是包罗万象之意。凡是许多事情,本来要好几个人做的,现在只有一个人可以把他做完,这就叫一脚踢。据说连环图画在最初的时候,都是一个人,自己做老板,做跑街,做编辑人,做画图人,所以开销省,赚头大。这是一脚踢。

　　电影界中,也有所谓一脚踢,就是导演自己编剧,其实这往往是半脚踢,自己编剧,都是自己托外人捉刀的。电影界中,只有一个人,真是一个人,真是一脚踢。他会编剧、会导演、会摄影、会收音、会洗片剪接印片,无所不能,此人是谁?就是但杜宇,他才可以称得一脚踢。

　　有几个野心家,他踏进了一个机关。除了他自己所做的任务外,喜欢把他人之事,也拿来做,不管那一部分之事,他都要做,他要使经理先生知道他能干。将来可以重用他,他一味巴结,显见得人家都是饭桶了。于是他这一脚踢的手段,犯了众怒,大家与他不合作,看冷眼,只消他有一点儿错处,就会被众人攻击,弄到滚蛋。他想一脚踢,反被人家踢了出来。这种人社会上很多很多。

洋泾浜图说 | 75

七六 杠 皮

杠皮,乃挨饿之意。杠字不作葛杭功,应读瓣杭切。皮字在这里,大一点,可作躯壳解,小一点,可作肚皮解,杠皮就是将这躯壳或肚皮中,没有装满,搭着一个空架子,做个空心大老官。这大概是孵豆芽刚孵出来的人,身上虽有皮子。(衣服也)而肚里还是有一顿,无一顿,这是白相人的普通情形。

不料在这一二月内,上海全市的人都变做杠皮朋友了。户口米每日脱期,就是不脱期,也难以吃饱,虽然拿了身份证,还有五升米可买,无奈一来粥少僧多,二来都被气力大的人抢购而去,普通人是买不到的。要想自由买米,竟无从购买。在敌伪时期,弄堂里还有人喊□米,马路上还有人卖杂粮,现在是一拓刮子收拾得干干净净,要买些赤豆来混在饭里,也办不到了。枪饼绝迹,大饼休业,饭店点心店关门,面包不易轧,山芋一人买一斤,大家挣扎在饥饿线上,毫无生路,上海便成了个杠皮世界了。

从前光棍杠皮,还可以用"野鸡团子牛肉汤"来充饥,现在这两件吃得饱的东西,已无从购买,竟有人买糖炒栗子来充饥,这杠皮的程度,相当严重了。杠皮亦可作吃白食解,去叨扰了人家一餐,叫"杠一夜饭"。这杠皮二字,适与本意相反,本来是挨饿,现在变成吃饱了杠皮变作奁薹解,吃阳春面当夜饭,叫"杠皮夜饭",拿和菜请客,叫"杠皮酒水",买了一只价钱便宜的表来,常常要修理,叫"杠皮表",蹩脚行头脚的女人,叫"杠皮寡老。"诸如此类,不一而足。

七七 弹琴

弹琴,乃谄媚之意。为什么弹琴可作谄媚解?我竟想来想去想不出,不过事实上,确有这一句话,当然此话总有个来源的。

昔伯牙弹琴,只得了一位锺子期,是知音者。后来锺子期死后,伯牙晓得从此无知音者了,于是去吊锺子期,在他坟上弹琴一曲,以后从此不弹了。这是很有名的"对泥弹琴。"(后人误作对牛弹琴)伯牙此举,不过自悲失去一个知音,并无谄媚之意。

诸葛亮的空城计,在城上弹琴,不知所奏何曲?但戏台上,都由场面上用月琴代弹一段,亦非牌子,乃昆曲思凡上的"夜深沈,独自卧,起来时独自坐,有谁人,孤凄似我。"这数句是小尼姑思春;不料孔明学着小尼姑,来一下发嗲,竟会把司马懿吓走;但这决不是孔明向司马懿谄媚。

琵琶记中蔡伯喈,在牛小姐面前弹琴,弹一曲风入松,忽然他心里忆念家乡,弹出思归音来,弄得牛小姐起了疑,要叫他撇下新弦,重整旧弦,夫妻俩几乎弄得有些小摩擦,但蔡伯喈的弹琴,也不是向牛小姐谄媚。

我想:这弹琴一语,既是现代语,这琴,断不是七弦琴,大约是钢琴。或者是一位小姐,弹得一手的好钢琴,遇到了一位少年,如果是富家公子,人又生得漂亮,于是来一下窈窕君子,淑女好逑。音乐本来是可以联络情感的东西,这小姐每天一见这位公子到来,便丁丁东东,弹一曲给他听听,这样一来,公子的心里,也丁丁东东坐立不安起来,听得其心大窝,这就有些谄媚之意了。

七八 囤乱

囤乱亦作钝卵,凡一件高兴做应当做的事,忽然闹别扭,故意不做,便叫做钝卵。据说昔日有个大富翁,他家里姬妾众多,有一天,这位富翁,又看上一家银匠店里的女儿,便叫人去说媒,一定要娶她为妾,那银匠便故意说得身价大些,要他一万元,不料富翁一口答应,于是银匠懊悔不曾再讨得大些,他只好另外提出一个条件,说我另有一个大女儿,非一起嫁不可,两个女儿,两万元,少一文不行。富翁也答应了;那知娶去一看,那姊姊是个麻子,富翁晓得那银匠故意搭卖劣货,就钝卵了。把她们姊妹二人,锁在那一间屋内,当她们囚犯一般看待,连那如花似玉的妹妹,他也不爱了。卵是锐利而勇往直前的;但一朝钝起来,他竟会向后转。

什么东西也囤不到了,那些囤户心里一乱,便有些生气了,于是大发其囤乱脾气,索性囤乱一下,棺材也囤,寿衣也囤,公墓里的寿穴也囤,人家出顶的空房间也囤,这就是囤乱。王老大的女人,专门到乡下去收女孩子囤起来,预备长大了做妓女做舞女。王老大很反对此举,但是他也到乡下去,收男孩子来囤起来,他老婆笑他将来一定蚀本,他说这就叫囤乱。

七九 小儿科

上海社会，注重派头，一切举止行动，派头要大，如果小手小面样样算小的人，就称他为小儿科。小儿科与妇女们的小家败气不同，小家败气，是生在骨子里的，是气质，小儿科是表现在外面的是手面。

有一天，我去访问一位大公司的经理先生，只见这位经理先生，闲着无事，正在写字台上，把人家寄给他的旧信封，拿来翻一个身，用浆糊贴好，改造成一个新信封，便可以废物利用，派用场了。我觉得此人的手面，就是小儿科。如果他是一个小杂货店的老板，在那里把旧信封改造新信封，不能说他小儿科，因为他是一个大公司的经理，会这么干，实在是小儿科了。他闲着无事，不妨坐在沙发上抽雪茄烟，养养神啊！

从派头上讲，当然派头越大越好，小儿科容易被人看不起，譬如一个人结婚，礼堂借在小旅馆中，用几桌杠皮酒水来请来宾，当然人家就会说他小儿科。假使他在上等酒楼借了礼堂，摆这么几十桌丰盛全席，当然派头很大；但是结果，前者开销很省，自己可以对付，后者便弄得一屁股的债。死要面子活受罪，往往害在这派头上，所以这么看来，小儿科并不是恶德。不过一般的人，目光势利，都看不起小儿科，尤其是与女朋友交际，必须处处留心，要派头一络，千万不可露出一点小儿科派头来，宁可借了债，出了重利钱，来请女朋友，万一自己的派头有一点破绽，被女朋友看了出来，认为我是小儿科，或者以色列国留学，那就糟了，她就会与你疏远；但女人就与男人不同，尽管小儿科，还是有人会来追求，男女地位不同，这一层，必须看得透彻。

八〇 王 牌

无论骨牌纸牌,都有王牌,王牌便是许多牌里头顶顶大的牌,可以无敌于天下。所以在战略上,起初不肯把王牌摊出,假使老早的摊了出来,人家已经知道你的能力,内容就被人看破了。王牌是最后的大牌,王牌之上,决不会再有大牌,自己的能力全被敌人知道,就不容易作战了。所以无论如何,要把王牌藏在最后,到用尽其他手段后,才把王牌摊出来,方可得到胜利。当然,我有王牌,敌人也有王牌,知己知彼,方可百战百胜!

例如王老大和张老二有了磨擦。双方明争暗斗起来,非常剧烈,双方当然各有王牌;决不使对方知道。王老大的王牌,是他有某大人物跟他抱腰,到了最后,某大人物一定会跟他出场,此公一出场,当然张老二会吃不消,就此屈服,但张老二并不知道王老大有如此背景。张老二的王牌,就是他的手里,已经握到了王老大的秘密;但他现在不肯拿出来,也打算用在最后,他手里的秘密证据,自然王老大也不知道。这二人的冲突,渐次正面化,于是由第三者出来排解,双方各不相让,把其他的牌,一张一张摊出来,这些牌虽非王牌,当然也有相当力量,于是旗鼓相当,刀对刀,枪对枪,半斤对八两,不分胜败之下,双方用尽手段,就要摊出王牌来了,于是王牌与王牌比,那一面的王牌强,就占胜。

美国与日本战,美国的王牌,是原子弹。现在苏联与美国明争暗斗,苏联硬要美国把王牌的秘密公开,而一面宣传自己也有原子弹,这或者就是苏联的王牌;但不摊出来,总难以使人相信。

八一 吊儿郎当

吊儿郎当是一个形容词,他是象征着和尚道士手中所摇的灵珠,或开会时所摇的铃。此物金口金舌,其舌吊在中间,不发声音,要摇动了,才有郎当之声。昔唐明皇奔蜀,驿中闻铃声,黄翻绰曰:铃声三郎郎当,盖借铃声以为讽也。吊儿郎当一语,大概发源于此,凡一个弗三弗四,不死不活,做事不着边际,无一定办法的,人家都称之吊儿郎当。

譬如有一个人,无一定职业,无信用责任,东宕西宕,到处看得见他的人,说起来样样都懂,做起来样样不行,这种人就叫做吊儿郎当。

一位小姐,她不在闺房之中,每天在外面与人交际,会跳舞;但不会做舞女。会唱歌;但不做歌女。行为有些像妓女;倒也并非是真正小姐。人家称她交际花,也有人称她交际草,她自己则以为是交际花,东交际,西交际,交际了几年,年纪渐大,风头渐退,弄得一事无成,这种女子,便是吊儿郎当。

一个命令行出去,说做就做,一点不想前想后,等到一做下来,觉得弊病百出,于是十分狼狈,再换第二个办法,到实行以后,又发见了毛病,于是再换新法,日日新,又日新,一年之中,一月之中,命令要换好几次弄得人莫明其妙。这也是吊儿郎当。

总之无一定办法的都叫吊儿郎当。

八二 受触

凡虫类往往有触须，他们用触须去与同类接触，就可以代表言语表情，对方接受他的触须时，就是受触，万一一方面触须过来，而另一方面不愿接受，这便是不受触，不受触则马上打起来，蟋蟀之争斗，都从不受触而来。

人类虽无触须；但有噱头，噱头亦称触头，只要这噱头使用得好，看定了户头，把噱头摆上去，对方自会受触。又如滑头广告，便是把一个噱头，会使多数人受触，必须懂得一些心理学。

马路政客小王，去见实业家陆先生，小王拟了一个铁棉皮公司组织的意见书，说明现的世界上，只有铁与棉与皮三样东西，最为重要。意见书中，说得头头是道。老陆听了看了居然受触，于是老陆竭力赞成，登高一呼，股资就来了，小王便做了铁棉皮公司的经理。

小张认得了周小姐，便大放噱头，一日，他与周小姐在咖啡馆中喝咖啡，忽然在隔座，撞到一位杨先生，杨先生是小张的亲戚，报告小张一个消息，说他叔父死在重庆，留下遗产甚多，要他即日去料理。又谈起某国人办的VK银行，打算请小张去做买办，当时听得周小姐非常窝心，就此一切都允许了小张。其实，这杨先生，是小张雇来的临时演员，只因技术高明，周小姐竟大为受触。

八三 有 种

无论饲动物，玩植物，总得拣选良种，方为有利。英国的马，不但每一匹都查得出他的三代履历，而且他的血统上，乃祖乃宗，在某次跑马，有过什么纪录，都能知道。所以种佳的，把他传种，劣种的，就不许他传后代，于是马种就愈改愈良了。养鸡的亦然，目的在多得蛋的，应该养什么种，目的在吃肉的，应该养什么种，都拣最良的种饲养。

植物也是如此。美国的棉花，比中国的好，中国棉就淘汰而种美国棉，植物学家只有多选良种植物，使他流传。把劣种的植物渐渐消灭。要改良一种植物，也是拿佳种来改良，自然更多把握。若把劣种去改良，未免舍近图远了。教育家说：教育虽万能；但教育家无法把桃核种出杏子来。教育家只能把桃核种出好的桃子来，杏核种出好的杏子来罢了。

所以动物植物，都要有好种。万物之灵的人，当然更要紧。我们还谈不到改良人种，对于一个人，先要看他的种好不好？好种当然令人表敬意，坏种自然被人瞧不起。上海的乱人地界，每逢双方冲突，先要问对方"你有种哦？"说得文绉绉些，就是说"你有骨气哦？"没有种的人，你今朝只好吃了亏，就此不声不响，永远做一个鸭屎臭人物，所以男子汉大丈夫，听得人家问"有种哦？"谁都不肯自认劣种，一定要硬硬头皮，吃斗一下的。

八四 看过看伤

看，怎么会看伤？这好比吃东西，吃下去不配胃口，吐又吐不出，消化又消化不掉，于是梗在肚中作怪，便成吃过吃伤。看也是如此，看了不入眼，精神大为不快，便和伤了脾胃一般，精神上受了伤了。

三四个友人，听说有引人入胜的玩意儿可看，便大家想看，于是打算合伙去看他一看，俾得广广眼界。一经宣传，加入者众多，马上选定吉日良时，决计举行瞻仰大典，地点定在某旅馆，而且好奇的某女士，也便要加入。在这一天晚上，到了旅馆中，由识途老马，托茶房去叫，不多一刻，居然来了两个面容憔悴的妇人，这就是表现的主角，一个叫菱花，一个叫鹊影，二人就此开始，看得大家寂静无声，连十三点式的某女士，也笑不出了，一忽儿工夫，表现已经完了。花了许多钱，看得大倒胃口，这叫做看过看伤。下次再有人提起此事，这其中的一个人，一定要说：上当上当，我看了一次，今天还觉得要打恶心呢！可见这伤的程度，相当的重大了。

一个很有名的人，大家都想去见见他，真是"生不愿封万三侯，但愿一识韩荆州"；不料一见之下，觉得人不出众，貌不惊人，说不定反有些面目可憎，于是便成"久慕大名，如雷灌耳，今日一见，悔之晚矣。"这也是看过看伤了。

八五 名件

一件一件东西，如果是有名的，简称为名件，记得羊肉馆子里，有一样菜，称为羊名件。这是把羊身上一件一件有名的东西，炒在一起的。名件一语，可以指物，也可以指人。如玩古董朋友手中的一串多宝串，这上面的东西，尽是些有名的零件啊！但是指人讲，意味就不同了。凡一个人，被人称为名件，大概此人行动有些特别，做出事来，有时会被人笑，有时会被人讶，在许多人的集会中，来了一个名件，就此会更形热闹，大家便把这名件为中心，与他去谈谈笑笑了。

女名人与女名件，只差得一个字，实际上也只差一些，女名人只要有些十三点式气，立刻就可以成为女名件，到处会做人家吃豆腐的目标。

大概口没遮拦的人，都是名件。笔者曾经遇到过一位四五十岁的中年太太，她的儿子，已经成人了。她会告诉我说：这儿子不是丈夫所生，乃开后门而得。现在儿子的寄爸，便是她昔日的情人。这老太婆还自鸣得意，把自己年轻时的艳史，对人乱讲，真是一个名件。可见这位名件，一半是厚皮，一半是有些十三点，非有这两个条件，是难以成名件的。如果这老太婆，不仅告诉我一个人，或逢人便讲，或对大众宣传，或者她自己提得起笔，会写一本痴婆子自传那么的东西，此书一出版，她不仅是女名件，竟可以成女名人。世上多名件，我们只消在多数人中去找，很容易发见。

八六 开 花

破口骂人叫做开花。南京人骂人的成语,有云:"入你妈,不开花;开了花,不结瓜。"就是说:"当初我与你妈发生的关系的时候,你妈并没有开口骂我。"下两句的意思,差不多说:"那时候你妈如果骂我而不从,那末,也决不会生出你这小王八蛋来了。"

白相人常说:"侬樱桃弗要开花"!古人把樱桃形容美人之口,不知怎样的白相人虽大半是拳头大臂膊粗的汉子,居然也用樱桃,称呼自己或他人之口,这也未免太嗲了。

一个人开口,常言道:天花乱坠,口吐莲花,似乎都是好话。为什么口中开花,会是骂人的意味呢?我们还有几句俗语,叫"血口喷人",或"含血喷人",或"狗血喷头"。这一个喷字,喷开来,就与开花的开字,有一样的意思了。

叉麻将罡头开花,虽用不着嘴;但其他三家见了,实在比骂山门还要难受。中国是礼义之邦,以谦让为美德,所以白相人讲斤头,还是不肯就破脸,决不马上开花,到最后没有结局,遂开花而致开打。

八七 灰钿

一个人无缘无故发寒发热，家人们就认为有鬼作祟，买点锡箔来，折了锭，向东南方三十步焚化，过一天，病人就起床了，钱一用掉，病就好了，赤老打朋，把好好的金钱，去买了锡箔来烧灰。事情就完结，这所用的钱，就叫灰钿。以此类推，凡不应当花的冤枉钱，都可以称为灰钿。

我们生活上，衣食住行，所化的钱，都不是灰钿，譬如我们住的房子。付房钱，付捐钱，这是应当的，如果必须出顶费，这就是赤老打朋的灰钿，完全化给赤老的。总而言之：钱花下去，完全落空，得不到什么的，叫做灰钿。灰钿与锡箔灰又不同，恰巧相反，灰钿是专指付出的，锡箔灰是专指收入的，譬如见有横荡可捞，便叫做捞锡箔灰，捞锡箔灰，是拿了人家的钱，还要把人家当做赤老，而用灰钿的人，不过用钱用得太冤，便骂一声灰钿，这钱是算完全给赤老用的。各种东西，在市场上，自有定价；但不照定价而去买黑市，这当然就是灰钿。黑市的价钱，比市价大得多，而且鬼鬼祟祟，要瞒着人去做，在黑暗中进行，分明是鬼的举动了。有的东西，往往因明市买不到，所以只好去买黑市，黑市中什么都有，只要你肯出灰钿，就有办法。常言道：有钱使得鬼推磨，这就是善用灰钿者。

八八 开后门

古圣云:"不孝有三无后为大"。为什么不曰绝嗣为大,而称无后呢?圣人是很幽默的,没有儿子,可以开后门,如果不开后门,那才是真不孝。一对夫妻,结婚十年,没有孩子,二人都要想法子了;但二人并不共同合作去想法子,而各人私下去寻路,男的开前门,去娶小老婆;女的开后门,去弄一个临时丈夫。居然一索得男,那末,夫妻俩都欢天喜地,以为是祖宗有灵。这种做临时丈夫的人,叫做"乖乖乖儿子养在别人家"。等到他自己年纪大了,没有儿子的话,他的老婆,再可以去开后门。古人易子而教,今人易子而产,都是一样的互助。

照科学的立场讲:这既是病态,应当要医治,方能恢复健康。这是夫妻俩的事,所以男女二人,都应当请专家诊察,病在男,医男;病在女,医女;病在二人,医二人。医好之后,自然与普通人一样,能生男育女。如果医生认为丈夫无能,到那时再开后门,才是正当步骤。内地房屋,不比上海,未必家家有后门,上海则不然,一律都有后门,所以上海人开起来更为便利。有财产的人家,若无后嗣,怕族人觊觎,便只有开后门。有的不幸而丈夫年轻夭折,事前并未预备,于是在丈夫七内,急急开后门,一面对外宾言有孕,于是后门开得巧,果然生出一个外来的遗复子来了。财产得以保全,后门之为用大矣哉!

八九 热　络

热烈的联络，或热烈的笼络，简称曰热络。这是形容词。例如袁雪芳与某寡妇很热络之类，是表示二人的亲密程度的。普通交谊，当然不能称热络，必须要热烈，而且还要像一个绳络子那么可以把对方网在里面，才是热络。假定做一个白金丝的络子，把一个人睡在这络子里，再在这白金丝上，传了热，或通了电，当然躺在里面的人，又是舒服，又是温暖，窝心之至了。

男女之间，也全靠热络。甲方看上了乙方，有意追求，便将热度加到一百度以上，把情网如绳络子那么的套上去，再一面增加热度，而一面对方在这绳络子里面，既无可逃避，自然容易接受了。普通在社会上两个人接近，也无非各有目的，互相利用而已，于是甲对乙用热络手段，乙对甲也用热络手段，从外人看来，觉得甲乙二人，非常热络，如同亲兄弟，其实，所谓热络，全是做出来的手段罢了。记得敌伪时期，每一地方沦陷后，那地方上的土豪劣绅，或流氓地棍，便一变而为维持会会长，日本军部，便派一个宣抚班班长来支持此事，于是维持会长，想扩张他地方上的恶势力，就一味向宣抚班班长热络，班长也为了不熟悉地方上情形，一切要靠会长为虎作伥，所以也竭力向会长热络，双方那样热络之下，沦陷区的人民，就变成了鱼肉。

九〇 鬼讨好

老祖宗挂念自己的家庭，有一天，这鬼魂便回家去看看子孙们的生活状况。他老人家见小宝宝生得十分可爱，就用手去摸摸灰孙子的头，不料鬼摸了头，小宝宝便发寒发热，生起病来了。所以鬼讨好，往往结果是人倒灶。讨好不是坏事情，鬼讨好就没有好结果，凡是人，如果不是正正当当的讨好，而是鬼鬼祟祟的讨好，也叫做鬼讨好。讨好就是巴结，一个人对于职务上的巴结，当然可敬。如果对于职务并不十分讨好，而在经理先生面前，一味鬼拍马屁，这就是鬼讨好，或者再向经理夫人，也大施其鬼讨好手段，此人无非想经理重用他。如果经理受触，当真重用了他，他一定会大拆烂污，断无好结果。

姨太太对于老爷，平日很马虎，今日忽然大灌其迷汤，滥施鬼讨好手段，弄得老爷混身骨头酥，但门槛精的老爷，就晓得这是鬼讨好，这是危险的前兆，鬼讨好之来，不是要大开条斧，便是她与情人有约，要出松到那里去。假使这位老爷怕麻烦，便眼开眼闭，听凭她去播弄了。

九一 硬 黄

真价实货,毫无虚诈,叫做硬黄,乃形容词,如果指东西而言,便称硬黄货。硬而且黄,是象征着黄金。世界上惟黄金为最贵,亦惟黄金为最硬黄。不但人类崇拜黄金,连宗教家形容天堂佛国,也往往说:精金为城,黄金铺地。天堂佛国尚且看重黄金,所以人类的爱黄金,更是应该的了。

第一次欧战完毕后,在银本位的中国,黄金每两只值二十元,便宜之至。其时娘姨大姐之类,个个人去兑金戒指,农村方面,吸收黄金甚多。胜利后,法币贬值,大家不敢收藏货币,也都把最硬黄的条子藏起来,银楼柜前,每天拥挤异常,可见民众的爱硬黄货了。忽然一个命令下来,黄金收为国有,持有者有罪。于是都忍痛把硬黄货送去换金圆券,不料这样一来,形成更大的通货膨胀,人民对钞票无信用,游资到处作祟,大有不可收拾之势。于是当局为挽救经济崩溃,再修改法令,允许人民持有黄金。

硬黄货到底硬黄。政府收兑的价格,最初是黄金每两二百元,三个月后,就变成每两一千元了。这就是表示黄金之硬黄。中国虽然不是金本位,但以黄金代替货币的买卖,已经很普遍了。上海最缺少的房屋,顶起来,必须论几条几条。其他较大一点的生意,往往都用黄金做码筹。

九二　泰　山

笃定泰山，为一句叠床架屋的话。笃定即泰山，泰山即笃定，泰山的意味甚多，岳丈亦称泰山，但这泰山断无笃定之意，潘巧云偷了和尚，潘老丈明明知道，然而他既不管束女儿，又不告诉女婿，可见这丈夫很靠不住，泰山之意，并不是指丈人峰。人猿泰山，勇猛无比，什么野兽都很怕他，笃定泰山，或者就是人指猿而言。不，不，人猿泰山，他身居森林之中，危险甚多，不易安居，那里谈得到笃定？也不对。"泰山崩于前而色不变"，这或者是笃定泰山一语之由来。笃定实非易事，安如泰山者，能有几人？

一个人没有笃定泰山的精神，往往会庸人自扰。近来各处逃难，都是太不笃定了。东北的人，逃进关来，而平津之人纷纷南渡到上海，上海人都往广东跑，或往台湾跑，不料台湾的人，都说：第三次大战中，台湾是军略的关键，太平洋双方争逐的宠儿，所以台湾人想到黔桂去，他们以为这是美苏热战中的世外桃源。最奇怪是近来在塘沽新港登陆的人很多，这都是南逃而打回票的人。所以笃定泰山的人说：逃什么！最安全的地方，就是你现在住的地方啊。

九三 卵皮面孔

从前有一个老灯谜，谜面是"汤肤欲见孔子"，射俗语一句，谜底就是"卵皮面孔"。板面孔则面孔如板，硬绷绷脸上肌肉，丝毫不会动，而卵皮面孔，则面孔上的肌肤，宛如卵皮，非常活动，贼骨牵牵，贼脱嬉嬉，要笑就笑，要哭就哭，什么恶形恶状都做得出来。凡一件事情。弄僵了，一方面勃然大怒，一方面哑口无言，于是弄得没有下场了。这时候只消有第三者出来，扮一个小花脸，用一副卵皮面孔来就可解决。

姨太太姘了一个小白脸，正在金屋之中双宿双飞，不料老爷来捉奸，姨太太与老爷，平日当然非常热络；但今日要叫老爷做乌龟，自然老爷会气得七荤八素的，聪明的姨太太，此时当然无法再向老爷灌迷汤，她便来一下卵皮面孔了。她先来一阵哈哈大笑，说道：老爷！这算什么！你来捉奸么？你怕做乌龟么？老爷你错了。姨太太用手一指小白脸道：他才是乌龟。老爷一听，自然莫名其妙。姨太太再说明道：他是我本来的丈夫，我们八岁订婚，十八岁结婚的，后来老爷把我娶来，他就做了乌龟，老爷便是奸夫了。姨太太再贼脱嬉嬉捏了老爷一把，又道：老爷你要三贞九烈的女子，是应当娶闺阁千金的，我是妓女出身，本来谈不到规矩，何况今天跟自己丈夫叙叙旧情，有什么大惊小怪呢？好好好，你们索性见见面，从此做了朋友罢。她说罢，摸出三枝香烟来，大家一枝的，自己先吸了。老爷被这卵皮面孔一表现，弄得就发不出火，反而没有落场势了。卵皮面孔实在有化大事为小事的力量。

九四 吃生活

生活二字，文言与俗语，有些不同，文言的生活，指人的饮食起居，如家庭生活，儿童生活，俗语的生活发音先不同，"生"字应读作色杏韵切不在庚韵而入阳韵。生活二字上加一吃字，吃生活便是挨打之意。为什么挨打叫吃生活呢？这与文言的生活二字，也有些联带关系，一个人的生活，自幼至老，自生至死，本来谁都是很苦，挨打，换一句话说：就是吃苦头。凡一个人所做的工作，无论男女，无论农工夫役，称为"做生活"，夫妇敦伦，称为"上生活"，今日今时，制造小国民，肚中便会有小小生命，就是小孩子生活之最初，上者，开始也，登场也。凡有人干了辛苦艰难出死入生的事情，批评他的人，往往赞美道：这是"真生活"。真生活，仍是真的吃足苦头之意。我们上海人在前些时，家里买不到柴米，饭店，面店都关了门，合家挨饿，实在惨极，这十足的是真生活。小孩子被父母打几下，称吃生活，白相人被白相人背一顿皮郎头，也是吃生活，日本人被美国人掷两个原子炸弹，那顿吃生活，就够苦了。

九五 半刁子

巧诈曰刁,轻微性的巧诈,曰半刁子。假使外表面一本正经,而实际则不负全责任,从旁人看来,亦称半刁子。也有本来一桩很好的事情,无奈思虑不甚周密,结果弄得很糟,人家也称为半刁子,还有今天这么办,明天那么干,弄得人家不上不下,也称半刁子。

譬如点心店配给面粉,本来是各家店铺先把应付的款子交了进去,然后机关中通知了日期,由各店去领面粉的。不料有一次,正在粮食恐之慌际,各店把款子送了进去,兀自等他来通知,那知他左也不来右也不来,只管延宕,耽搁了两三个月,大家去催催,机关里说面粉没有了,便把各店以前所缴的钱,一一发还。那些点心店,气得发昏,三个月前把钞票送进去,是买面粉的,三个月之后,仍旧把这笔发还,钞票一过三个月,不知跌了多少,这一笔款子本来当时是他们一笔很大的资本,现在三个月后拿了,只好对他哭了。譬如本来可买一百包面粉的话,现在拿这笔钱去买今天的黑市面粉,说不定只有一两包好买了。大家都说:这是半刁子。

黄金收为国有,这是政府的命令,老百姓不敢不依;忽又另换方法,说道:黄金人民可以持有了。但已经兑掉黄金的人,所拿到的钞票,已经不值钱了总不免要说中央银行半刁子。

九六 开方子

凡设计阴谋,叫开方子,亦称合药,亦曰合毒药,又称割鸡头。计划一个毒计,犹医生之开一张毒药方子,何者为君药,何者为臣药,重量多少,何者宜炒,何者宜包,如何配合,都应当布置得完完全全,方可使服药之人,吞了下去,立即显出功效来。所以凡开方子的人,都要考虑得周周到到,派遣人马,又应当挑选适当人物。有时使用美人计,又须用一个随机应变意志坚强的女性,万一这女性意志薄弱,见对方是一个小白脸,或者见对方是个暴发户,她竟为反叛而站到对方去,这样一来,不但大事失败,而且还要闹出"赔了夫人又折兵"的笑话来,所以人选最为要紧。当然多选一向亲信的自己人,决不会出毛病,而且还要量材使用,某人做某事,某人假装何种性质之人,某人假扮何种身份之人,一一派定。再把如何进行,如何使对方入圈套,都应一一预先计划,万一临时失败,又应当怎样补救,怎样下场,这方子中无不一一注明。我们不要看别的,只消看那街头串卖西藏某种假药之人,他们的组织,一共有五六人,为首的操国语,做工最佳,与他问答的一个,口齿也很玲俐,其他有望风的,有附和的,至买药之时,自己人个个都买,再劝在旁观看之人也买,而且各人做出抢购态度,所以路人极易上当,这设计是很周密稳妥的,看了可以叫你佩服,不过看到第二遍,仍是老脚本,就减少兴味了。

九七 工　钿

工厂中雇用了工人，工人劳动所得的，叫工钿。劳资纠纷闹得尘嚣甚上，为的无非是工钿。社会局忙着调解的，也是为了工钿。但这里所谓工钿，并没有大规模的厂，也没有几千几百工人，工厂极小，凡一个女子，手里有了钱，自然而然的会不安分，于是她也和男子一样，饱暖思淫欲，她要想嫖了。上海淫业虽发达，还没有男妓院，于是她便选定一人，雇用在家里，供他玩弄，这叫做"养小鬼"，在三十年前，小鬼不过每天有好酒好肉，穿几件漂亮衣服，出入坐一辆包车。一切由女人去开销，并没有工钿的。小鬼不过以自己之精力，骗一碗饭吃吃，所以有人说：这叫做"头发换长生果"，言其以身上一部分，换些食物吃吃而已。

在最近，单单管吃管穿是办不到了。大约人材缺乏的缘故，或者是小鬼会偷吃野食的缘故，都得用包银制度了。这包银称为工钿，从小鬼方面说：由血汗得来，当然是工钿，所以叫拿工钿。从女子方面说：她也是资方，她雇了工人来做长工，自然要发工钿的。

工厂中有件工在当这里是苢批的，按月的，决无"论件计工"之办法。工厂中有童工，这里也有童工，他们也有劳资纠纷；至多请几个小妹妹来了下制裁，或者继续雇用，或者立即解雇，那些拿工钿朋友，决不罢工，个个像一只小羊，绝对没有危险的。

九八 装洋

装洋,乃假装洋盘也,故亦可作装伴。有了老举,再有洋盘,才成社会。必须老举吃吃洋盘,洋盘上上当,才像一个社会。但社会是天天进步的,虽说洋盘死不完,而老举的数量,渐渐也在增加,做了几年洋盘,竟会渐渐的因阅历而成为老举,于是老举多而洋盘少,因此便有装洋的举动,老举假装洋盘去玩弄其他老举,使他上当,这叫做"装洋吃相"。相者"相夫"之略语,相夫即老举之谓。真洋盘当然好欺负,假洋盘则变幻莫测,极易使人上当也。

我且来介绍一则"装洋吃相"的故事:某乡镇上一家小酒店中,来一个寿头寿脑的人物,他坐下来吃酒时,独自一人,打开手巾包,数数洋钱,叮叮咚咚,然后身边再摸出些洋钱来。一并包入包内,包好之后,依然独自饮酒,早惊动了邻座一个老举,过去与他攀谈,方知他是一个卖布客人,现在布已卖完,正打算回家去。二人谈得投机就坐下来同饮,老举尽量把这洋盘灌酒,灌得他醉了,他一醉便伏在桌上睡着了。洋钱包仍在桌上。那老举等候酒客们一一散去他就拿了洋钱包而遁,不料正要站起来,方知自己身上的袍子下面衣角,正被那洋盘坐在屁股下面,这就糟了!此时老举下个决心,脱了袍子提了洋钱包而去。其实包内尽是铜洋钱,一件吃价的袍子,倒被这假洋盘骗去了。

九九　朗　声

朗声亦称"叫句子",又称"唱京剧",或"唱绍兴高调"。凡对某人有不满而不直接发言,仅当着某人而向他人大发牢骚,隐射某人的,称为朗声。朗声与"太平山门",有些似是而非,其实,很有区别,太平山门乃詈骂,而朗声并不骂,仅发牢骚耳。昔上海有一江湖书家,自称九十六岁,其实乃虚伪卖老,全本江湖派。一日,某处有宴会,此江湖书家亦在座,胡朴庵坐其侧,有人问朴庵先生曰:胡老生今年多少高寿?胡先生大声曰今年一百十二岁。合座大哗,以为胡先生说笑话,胡正色曰:人家可冒充九十多岁,我不能冒充一百多岁么?上海市立小学罢教翌日,笔
者赴某翁寿筵,我们一桌,适有一位小学教师,有人与我闲谈,问我近来忙否,我便借题发挥,说近日大忙,只因小学停了课,几个亲戚家邻居家的孩子,父母不忍他们荒废学业,便叫我来温课,所以我很忙。不料我开了一炮,合座之人,都来附和,你一句,他一句说得淋漓尽致,当了和尚骂贼秃,那小学教师以为我们都在那里朗声,他涨红着面孔,有些不安于位,后来便一个人不终席而退。总之:朗声大概借题发挥,发发牢骚,不会闹大祸的。试观国际间也是如此,宣言中往往"某国不民主",这也是朗声。外交界上,不能直言而必须称"某国",这还不是正正堂堂的宣言,而实在朗声性质。

一〇〇 搨眼药

人有了灵敏的眼睛,当然要享受。口的享受,多吃了,会生胃肠病,手的享受,如果对异性毛手毛脚,说不定会吃耳光,性的享受,大则犯罪,小则可以与忧患苦痛俱来;独有眼睛,尽管享受,毫无问题。走到马路上,遇见那来来往往的摩登女子,从头上看到脚上,决不会有人来干涉,眼睛差不多有治外法权,而且用眼睛来享受,可以不必费半文钱,非常经济。这眼睛的享受,就叫搨眼药,仿佛在眼睛里,搨些眼药进去。我可以用两句电台的成语,拿来形容他,叫"清凉舒适,立止奇痒"。倘使要看而看不见,自然眼睛会痒,一搨眼药,顿时可以止痒。

如果看不到立止奇痒的实物,那末买几张画来看看,也是搨眼药,也可以立止奇痒。假使一朝到了众香国中,燕瘦环肥,挤在一处,真是目不暇接,好比眼药涂得太多,几乎反会使眼睛糊涂。

有几种职业,是天赋的搨眼药职业,第一是"发师",眼睛与对方的面孔,十二分接近,眼药可以大搨特搨。而且他很高尚,只看头部而不及其他。还有裁缝司务,量起尺寸来,上身量到下身,更可大搨眼药。皮鞋店里试穿皮鞋,虽则仅有下三路,但意外的眼药,相当丰富。凡热闹场中去凑热闹的人,其目的在"人看人","人看人"之真意,无非搨眼药而已。

一〇一

上海人到底是进步了。昔日流行"那摩温"一语,连一个小家碧玉,在一家工厂里充女工头,人家也称她"那摩温",但今日时过境迁,一跳跳了一百,碰碰要讲"一〇一",这个名词,大概是几家学店发明的。滑头学校招生之时,生徒寥寥无几,报名簿上,当然很不体面,于是将第一号至第一百号,完全略去,报名簿上,从一〇一号开始,慈善机关的捐款簿收条,也用此法。滑头小银行的开立新户,也不会用元号二号,都是从一〇一号起,从此以后,差不多一至百的号码,大家已抛弃不用了。

这"一〇一"或"一〇一号",本来是一种虚荣,一种夸张,于是一班喜欢虚荣爱好夸张的青年们,也都应用这句话,譬如某人只有一套西装,苏州人称为"木渎鼓手"(因木渎的吹鼓手,不论婚丧喜庆,只会吹一套)。上海人就称为第一百零一套西装,好容易有了一位女朋友,便称第一百〇一位女友,买了一辆老爷汽车,也称为第一〇一辆汽车,姘了一个大姐,租了一间灶披间做小房子,便称第一〇一号小公馆,第一〇一号姨太太,不过在女子方面,情形恰巧相反,她即使有了七八十男朋友,她总是赌神罚咒,说是只有一个男朋友。

一〇二 豁边

凡事出意料之外预算之外，曰豁边。例如灌一张唱片，半面只限三分钟，万一略为迟了一点，到了三分又若干秒，当然末了几句，便会灌到唱片之外，从边上溢出去了，这就是豁边。所以灌唱片之时，要再三验试，使他一些不得超出预算。据说：豁边一语，来自欠债。昔日有人欠了债，凡是到了月底还不出，只好再行约期，约期不能太远，于是约他十天，说到"初十边"一定归还。这样的"初十边""月半边""二十边""月底边"拖下去，原因无非为了出乎意料之外，他本来是有预算，预料人家欠我的钱，到那时必定可以归还了，无奈人家失约，我自己便豁边了。

张三从北方逃难，逃到上海来，找他的好友李四。他以为上海是安乐土；那知李四说：我正要逃到台湾去了。于是张三的计划，大为豁边，结果，二人同赴台湾，去找老友王五；不料王五说：如果发生第三次大战，太平洋中的台湾，地位相当重要，我正打算逃往广西去，于是张李二人的计划，也都豁边。王五劝二人同逃，张三怕第三次豁边，所以他仍旧回到北方去了。李四并非富有，是个实业家，他意欲在台湾谋发展，办工厂；但细细考察下来，台湾办工厂，很不相宜，希望极少，于是也只好回上海，以免事业上再豁边。凡事思前后，再三考虑，当不致豁边。但"老口失匹"的事情，也往往有之。总之：照子过腔，便是豁边的预兆。

一〇三 户 头

户头有两种：商家对于客户，开一个户头，预备做长生意，是善意的。还有恶意的，把人当做洋盘，也叫户头，现在所谈是后者，有时在户头上面，加棺材二字，称棺材户头。棺材由三块长板两块短板做成，别名叫做"三长两短"，这两块短的，名称也叫户头。买棺材时，那棺材店里晓得客人没有困过棺材，个个都是外行，所以看你拿得出钱的话，他的价钱，就会悬空八只脚的乱讨，所以棺材店里的生意，大半都是当人家洋盘，客人也实在不懂货色的好歹，所以价钱完全瞎三话四。如果买客是个老举，价钱还可以不致十分上下，假使看你一定要买好货，也就会把你当做户头了。欢乐场中的精明的女子，对于本地人，对于小白脸，往往茄门，因为他们太刮皮，所以倒喜欢外路人，外路人身上打扮得朴实，面孔虽然生得拆烂污，身边倒拿得出钱，于是当他户头，米汤每天要灌几千西西，这一记丹佬，就摆进了。在外面混混的人，虽靠自己赤手空拳，到底不容易混，总要找到一个有钱人，当他户头，才有生财之道。于是偶然发现了一个小开，便竭力奉承，与他接近，先研究他的趣味，小开喜欢女色，便替他拉马，小开喜欢唱戏，便帮他做配角，他爱什么，我来什么，万事一手包办，侍奉得他舒舒服服，于自己也有吃有喝有玩，身边有钱用了。等到这户头倾家荡产之后，再去觅另一户头，户头死不完，串客也尽管可以混下去。

一〇四 走 油

把一块有肥有瘦的肉,放在油锅里煎,要把肉中之油,煎将出来,煎得肉皮绉了,肥肉也干了,这才叫做走油肉。肉中本来的油,被他一煎,都煎得走了出来了。人也有油水,如果被人家一次煎熬,弄得油水尽失,也叫走油。

笔者前天遇到一位老妇,不免突然一惊。因为她是一个富家千金,而且是独生女,父母的家产,都传给她一人,平日生活是很阔绰的。此刻面容憔悴,衣衫褴褛,她说家里房屋,打仗时被日本人放火烧了,自己的丈夫,又被日本人杀死了,剩下一个儿子,肺病又到了第三期,所有的田产,现在收不到租米,所以困苦非凡,真是走油。

昨天又遇一位走油朋友,他在路上行走,由一个少女扶着他在行人道上步行。他以前是大亨,向做黑老生意,后来发了财,便做些娱乐生意,拿来掩护。平日汽车出入,很了不得,在敌伪时期,又与日本人勾结,当时气焰很盛,无奈胜利后跌进囚牢,吃了两年官司,到最近才出来,财产已经充公,本来面团团的人,现在也弄得满面倒霉色彩了。当黄金收为国有的时候,人民听说限期一过,凡持有黄金者,罪该处死。谁想得三个月之后,人人可买,于是大家懊悔也来不及了。因为当初卖掉黄金的人全是些中小户,卖去之后,虽然今日重可买进;但一来钞票大半已经用掉,二来价额要大十倍,如何买得起呢?因此人家都在喊走油。

一〇五 吃 屑

光棍们在外面混,既无财产,又无一定收入,所谓"日里吃太阳,夜里吃月亮",东去吃一点,西去吃一些,才能度日。总之:没有固定的收入,辄批的金钱,不过随时随地,去弄些另另碎碎的食,来供他们作生活的粮草罢了,所以他们所吃的,不是整碗的饭,是些饭屑,不是整块的面包,是些面包屑罢了。因此他们要吃的话,当然要去找目标,第一要照子亮,在他们的范围内,常常留心察看,有没有什么可欺的人物?如果发现某人家一个寡妇,暗中与人有什么偷偷摸摸的事,那就是好生意来了。此人就可以把这寡妇当吃屑,借着因头,常常去借钱,口中说些不三不四的话,寡妇心里明白,自然而然的手里钱会很松,一方面再去探听那和事老是个何等样人,如果是没有什么了不得的人物,也可以当他吃屑,常常向他去弄几个钱来用用。

还有什么街头巷口,常常看见有什么人鬼鬼祟祟把什么东西运来,如汽油之类,交给某人家,过几天,再由这家人家一一卖掉,这些都是后门货,都是揩下来的油,都是赃品,只消看在眼里,留心观察来踪去迹,认为证据确实,就可以到这家去借几个钱来用用,他们自然识相,一定可以答应,从此以后,也可以当他们吃屑,没有钱的时候,可派用场。

总之把人家当吃屑,第一,自己照子要亮,第二,先要发现人家的弱点,第三,要看人家有无背景?如果背景很硬,那只可软做,不可硬上。如这点弄不明白,连屁也吃不到一个。

一〇六 老门槛

老门槛与老举,有些相似;不过老举是普遍的,老门槛是专门的。无论对于何事,未踏进门槛的,当然是外行,踏进了门槛,也不能就算老门槛,必须要在门槛内混这么若干时候,到里面一切的一切,都很精明了,所谓"门槛全精"的人,才可以称老门槛。在外面混混的朋友,虽然只要樱桃尖,只要拳头大;然而有的地方,最好要门槛精,万一遇到什么讲经头,在茶会上当着众人谈判,有什么问题,自己有些外行,那就糟了。

一个人当然不能样样全精,成一个万能博士;然而在外面混饭吃的乱人,至少对于烟赌嫖三门,总要有些门槛,如果连这一点门槛也不精,那末,那里可以在外面混饭吃,做乱人,连讨饭做毕三的资格也够不上,须知毕三者,即毕业于烟赌嫖三科也。

所以一个小弟兄,如果开过燕子窝,在赌场里抱过台脚,又开过野鸡□子,那当然是全材了。一个人对于三项都踏进了门槛,日子一久,资格自然就老,这就是老门槛。到外面去,倘使遇到这方面的事,谈起来,也可以头头是道了。

有一位伶人,他是丑角,专演彩旦,他人很规矩,生平没踏进过妓院;但他在台上扮一个老鸨,演来淋漓尽致,差不多像真开过妓院的。我见了大奇,便去请教他:生平没踏进过妓院,这些门槛,那里来的?他说:我因为不踏进妓院,所以凡是听到人家谈论妓院的一切,我都牢记着,到了台上,不过把这些囤货一起出笼罢了,我的老门槛,全是偷来的。

一〇七 白老虎

白老虎既不是左青龙右白虎之白色老虎，是一句洋泾浜话，凡谚所谓"外面青茸茸里头一包葱"的，都是白老虎。总之白老虎外面像煞有介事，而其实内部空空如也，比诸葛亮的空城计还要空。因为空城计的外表，并无恐吓性，弄几个老弱残兵，在城外扫地，这与城内的空无一兵，完全一致，无奈司马懿疑心生暗鬼，自己吓得逃走了，这不是诸葛亮的成功，乃是司马懿的失败。

所以凡外表面其势汹汹一味有吓得倒人的样子，而内部不但摊不出王牌来，而且全体空头的，叫做白老虎。

外交上军事上，应用白老虎的地方很多。记得十几年前日本军阀在平津一带猖獗之时，有一次，天津又闹出什么事情来了，日本人就在日租界的某处高楼的屋顶上，架起一个大炮来，表示他要开炮了。这一来，事情总算没有扩大；不料过一天，忽然天空起了一阵大风，把这座大炮，在天空中飘飘然的吹下来了，中国人一看，方知这炮是纸糊的。

在第二次大战之前，各国都宣传发明了许多新武器，其实也很平常，至于那美国最后的原子弹，事前并没宣传过，他倒暗地里很秘密的制造，很秘密的使用了，所以真价实货，往往不用宣传，而且也不愿宣传，那宣传着现在有什么什么新的武器，往往竟是白老虎。

一〇八　服贴

绸布等物，绉而不平，只消喷了水，用熨斗把他熨平，这皱的绸布就能够服服贴贴，亦称熨贴。无论怎样不平的东西，一经熨斗烫过，无有不平。

白相人双方冲突，打起来，甲把乙打了一顿，甲就要问乙：你吃了一顿生活，服贴不服贴？如果乙心有不甘，约定日子再打，总要打到一方面服贴，才能了结此事。试观舞台上的莲花湖英雄比武，未打之前，先行声明：我若打败了，就拜你为师。后来一打，果然败了，当真实行拜师，这何等光明磊落何等的服贴！非但自认打败，而且还要拜对方为师，服贴到不能再服贴，这到底是英雄好汉！

国际上就不会这么服贴，两国交锋之后，甲胜而乙败，往往乙国要想报复，譬如德法两国，好像永远是冤家，第一次世界大战，德王威廉失败后，人民不服贴，就出了一个希特拉，竟会再引起第二次世界大战。中国的白相人，决不如此卑鄙，说服贴就服贴，到底断不会有什么反悔的。

服贴不一定指打架而言，如有双方争执，闹得不可开交之时，往往请某人出来调解，只消他一句话，就说得双方都服服贴贴，化干戈为玉帛。这是此人的声望和交情都够得到，而且说出话来，非常公平，不帮甲不帮乙，自然大家听得佩服两面都服贴了。

一位威风凛凛的将军，只消他一声命令，千军万马的以到战场上去与敌军拼命，这也是服贴！但这位很可怕的将军，回到家里，在姨太太旁边，就一点威风也没有了，姨太太一发脾气，他就只好永远扮着小花脸，他要讨好姨太太，还自愿替姨太太捏脚，他在家里也非常服贴的。

一〇九 刮 皮

一味吝啬而专向他人身上刮削者叫做刮皮。似乎他榨索人家的油水，还嫌不够，把人家身上的油水榨完了，无法可施时，只有把人家身上的皮也刮下来了。也有人说，乃刮地皮之略语。做官的到了一处地方，就动手搜刮，地方上富裕的还可以饱满他的欲壑，如果本来是个贫瘠的地方，地上农产物都很贫弱，甚至一无所有，他无可奈何，只好把地皮也刮起来，拿泥土卖到邻县去，供土木工程之用，这叫做刮地皮，简称刮皮。从前有一个贪官，在卸任之时，老百姓送他一块匾，上面写"天高三尺"四字，那官儿非常高兴，以为是百姓们颂扬他，其实这四个字，乃是挖苦他，说他把地皮刮低了三尺，所以人民站在地上，觉得天高了三尺了。刮皮与吝啬，有些不同，吝啬是对自己刮皮，刮皮是对他人吝啬。有甲乙二友，甲是吝啬大家，乙是刮皮朋友，一日，甲致书于乙，甲不用信封，把信写在一张树叶上，打发下人送去，说要回信的，乙读了信，便把来人叫进来，先命他脱去衣服，然后提起笔来，将回信写在此人的背上。吝啬的人，还用一张树叶，刮皮的人，连树叶也不用索性利用来人的身体了。刮皮的主人，雇用了一个刮皮的仆人，主人每次差佣人出去买东西，他总是揩油，因此主人凡是不明价钱的东西，都不叫他去买，每天朝晨吃点心，老是叫他去买汤团，汤团每只多少钱，都有一定，所以那佣人无法可施，晓得主人刮皮，他也只好更施行他的刮皮手段，他带一根麦柴管去，插入一个个的汤团中，把里面馅中的汤，一一吸干，麦柴管拔去后，外面毫无痕迹，主人只见饭不错，以为他并没揩过油。

一一〇 赤老蹦

做一件秘密工作而为人发觉,叫做赤老蹦。赤老即鬼,蹦即"腊底蹦"之蹦,乃跳也。所以赤老蹦一语,译起来,可译作"鬼跳"二字,就是一件秘密事情,一朝为人泄漏而发觉,差不多地狱门忽然大开,跳出一群赤老来,把自己拉进地狱去了。

记得在敌伪时期,那些地下工作者,一举一动,都要注意日本赤老,平常日子不必说,连半夜三更有人敲门,也得特别注意,先要问问是什么人?如果开出口来,是一种硬绷绷的中国话,那就不得了,赤老蹦了,日本宪兵队来抓人了。前后门已经都逃不了,赤老早蹦上门来,就非到地狱中去受电刑不可了。

作恶犯法的人,当然最怕赤老蹦,他们往往移名改姓,更换打扮,没有一定住址,要避锋头,有许多地方都不敢去走动,只好躲在朋友家里孵豆芽,如果有陌生人到来,他贼人心虚,必定慌慌张张,心头乱跳,以为赤老蹦了。

赤老蹦亦称"穿绷",一桩事情外面像煞有介事,把场面绷着,不料被人一戳,就此戳穿。譬如一个骗子,身上打扮得衣冠整整,到一家人家去,冒充他儿子的同学,这是他从一册学校同学录上去查出来的,所以他说得样样都对,家人们也深信不疑,告诉他儿子刚上南京去了,要三天后才回来。这骗子自然更得其所哉,便说从北方来此,投亲不遇,要借些船费,家人们不敢怠慢,刚要借钱给他,忽然儿子回来了,他脱了火车了,于是二人一见面,儿子那里认得他,滑头货就此穿绷,这从骗子一面说,也可以称老蹦。

吃 闪

吃闪之吃，亦非口舌牙齿吞下肚去之吃，犹吃瘪吃价吃香等之吃也，闪为闪避也。对方一枪刺来，一刀劈来，我无法招架，只好将身子略为一闪，避过这刀枪再说，这就叫吃闪。吃闪与吃瘪，有些相似而程度不同，吃瘪乃完全为对方吃瘪，已无恢复余地，吃闪不过眼前来不及想办法，受些小损失。

在徐州战事吃紧之际，忽然外国人半吊子，来一下撤侨，这真是火上加油，他们一撤侨民，于是人心大慌，衮衮诸公，变成滚滚诸公，官场中先行逃难，搬家眷，搬箱笼，包飞机，定船，闹得不亦乐乎，其实战事吃紧，也很平常，即有胜败，亦军家常事，他们这一下撤侨，竟是大大的洋烂污，连上海一班有钱人，也给他们吓逃了，所以政府对于这撤侨，真有些吃闪。

夫妻反目，各有千秋，你有舌剑，我有唇枪，到后来，即使动手动脚，你会碰桌子，我会掷碗盏，甚至足踢手打，总之，闹来闹去，夫妻总是平等的，相打相骂，总是对待的，决不是片面的，但相骂相打之后，往往毫无结果。于是女的就拿出法宝来了，一哭二饿三上吊，来一下不抵抗，只自独自表现。这一来，男人就吃闪了，男人不怕相骂相打，怕的就是这长期不抵抗，反而会弄得毫无办法，结果，只好屈服了事。

一个毕三与一个体面人结下冤仇，无法报复，一面有财有势，那里斗得过他，如果与他打起来，说不定毕三有吃官司之份，于是毕三只好来一下没本钱的报复，就是摆堆佬了，以自制黄坤山奉敬，那体面人尝到这臭东西，实在是吃闪的。

一一二　翻门槛

踏进了门槛,便成老门槛,老门槛样样精通,对于一般的洋盘瘟生等人只消小小的用些手段,就可以把他们当吃屑了。这使用手段方法,叫做翻门槛。如果老门槛遇着老门槛,大家精碰精,更非钩心斗角的翻门槛不可。

试观此次美国选举,杜鲁门与杜威,双方竞争剧烈,杜威对于苏俄的搅七拈三,主张强硬解决,这可以得到一部分人的同情,其实这也是杜威翻门槛,他见民众对于苏俄的处处不合作,总有些不满,所以他来这一套,希望有多数人拥护,但是杜鲁门槛也相当的精,他深知美国人一般的心理,是厌战的,所以他便大翻门槛,说将与史太林晤面了,于是民众都以为双方有接近可能,多数人都举杜鲁门了,到杜鲁门中选后,就此把与史太林会面一事,化为乌有,门槛就给他翻进。

翻门槛也须随机应变,使用新的噱头,才有苗头,如果常常使用老方法,往往会被人看出其中的奥妙来,来一个不受融,那就失败了。记得金钞变为国有之时,本来只有一月,到月底期满,但在将满未满之时,政府一再声明,期满后绝对不继续;但他越是声明,民间越是晓得这是门槛,过期后一定会继续的。后来果然再继续一月。为什么大家会预先知道?这就是官场翻门槛,不会用新花样,爱抄老文章,这就失败了,以前官场对于发行大钞,往往一再声明绝对不确,但结果,一定会千真万确,老百姓有此经验,自然门槛翻不进了。

一一三 弹 硬

凡势力雄厚信用卓著而为人称道者,叫做弹硬。宛如炮中之弹,不放则已,一放则无论很坚固的房屋城堡,都可以打得粉碎,至少能墙坍壁倒,但弹硬与金石等争之有声,扪之如冰的硬东西不同,弹硬不过是一个形容词,是无形的一种力量罢了。例如一个戏班,在某剧场开业,他的角色阵容,非常弹硬,就是角色个个出色,班底都是硬里子,一朝登台,十平十稳每天可以满堂的,满堂的原因,就是为了□容弹硬。一个人有了钱,当然很弹硬,要什么有什么,无论什么事情,没有做不到。逃难买不到飞机票时,可以自己包一架飞机,所以有了金钱,力量就弹硬了,所谓有财有势,谁都承认他弹硬的。但无钱之人,也有弹硬的地方,譬如一个穷汉,或是一个清寒人物,他虽然没有钱,而他很有信用,信用好,也很弹硬,他说出一句话出来,无有不会做到,他约了人家日期和钟点,从来没有爽约或脱期或脱钟点等事,这样的人物,在社会上很吃得开,很弹硬。不虚伪,不说谎,不掉枪花这样与人交际,从人家看来,就很弹硬,弹硬实为立身之本,成家之道,处世之诀,推而广之,可以作为治国平天下之基本条件。

一一四 瞎乱斗

斗,无论拳斗械斗,都是很凶险的;但斗必有对手,如果对手没有认清楚,随便见了一个人或几个人,与他们斗,这就是乱斗了。斗本来很凶险,乱斗则毫无目标,当然更为险了,乱斗上面加一瞎字,这瞎乱斗,实在凶之又凶,险之又险。

"盲人瞎马,夜半临渊",是古人形容危险的话;但这危险还很平常,现在盲目与人乱斗,这可真胡闹!即使自己不坠入深渊之中,也要被人家打死了。

第二次世界大战之初,德国把英国打得几乎差不多;不料希特拉忽然瞎乱斗,要改换路线,打起苏俄来了,从此便种下了希特拉失败之根。所以瞎乱斗是一定失败的。日本侵略中国,已经打到了半个中国,几乎会把中国全吞下去了,岂料日本军阀,也瞎乱斗起来了,他去偷袭珍珠港,触怒了美国,也就是他尝原子炸弹的原因。这么看来,乱斗已经了不得,瞎乱斗简直是发疯,所以一定失败无疑。

上海地方那些小抖乱们的举动,已经抖乱了,又往往喜欢与人吃斗,而且摸不清头路,盲目的与人搅七捻三,这就是瞎乱斗,但人家眼睛睁得很清楚,当然会有条有理的来解决你的,瞎乱斗必致毫无成就。

一一五 搅七拈三

凡理路不明而一味瞎搅，且缠扰不休者，称为搅七拈三。一个人的举止行动，对人有一二分瞎搅的，人家到底还不可以不睬，因为我有八九分正当理由，当然敌得过他。假使他有三四分瞎搅，自然有些讨厌了，但还可以对付，我有五六分正当理由，又何必怕他。设或他有五六分瞎搅，这就要当心了。五分的话，他五分瞎搅，我用五分正当理由，恰巧可以抵敌，他有了六分，我只剩四分正当理由，四对六，就费事了。万一他有六七分的瞎搅，即所谓搅七搅八，那我只剩三分两分的正当理由，去对付他，这就很不容易对付他了，何况他搅了七，还要拈着三，对付的人，实在  走投无路，本来他用七分来瞎搅，我可以用三分的正当理由去抵敌他，现在他搅了七，还把三也拈住了，我的三分已无法可施，自然会弄得束手无策。所以我们遇到了搅七拈三的人，往往毫无办法，因为难就难在他搅了七，再把我对付他的三分，也被他拈住，我自然要头痛的。譬如上海那些本街弟兄，便是搅七拈三的代表人物，看见马路上新开店，就要来搅，新迁居，又要来搅，有喜庆事，更要来瞎搅，搅到了钱，再另换一个名目，如三十六个党之类，再要来乱搅，他们又搅七拈三的自己定下一年三节的陋规；但是新年刚过，已经要来搅了，他说收端午的钱，一年到有时实在无办法，索性来掴卖毛巾肥皂，更是搅七拈三，至于七月里的打醮，还算是正当理由的呢，其实也无非搅七拈三。那些人就这样搅七拈三过日子。

一一六 一只袜

一只袜,亦称一只袜统管。凡两个人或两样东西比较起来,他们的坏处,有些相似,便叫做一只袜,或一只袜统管,袜总是两只为一双,无论男袜女袜,布袜或针织的袜,袜没有单单一只的,这一照我想起来,大概是耶稣圣诞节那些糖果玩具送给小孩们的,不是都是一只一只的袜么?从来没有用一双一双作礼物的,而那些袜的内容,如果倒出来检查一下,无论糖果玩具,都没有好货,没有特殊的东西,全是很平常的,只只如此,所以凡二者比较之下,如果一样的恶劣,一样的不满意,就叫做一只袜。

最近有许多主妇们聚在一处,都大谈其用娘姨之难,又说:近来用来用去,娘姨都是一只袜的,昔日里娘姨们忠心耿耿,至死方离开主人的,很多很多,现在不对了,娘姨们今天来,明天去,好比走马灯,至多不过三个月,普通都只有一个月胃口,而且条件很苛,要汰尿布的不做,不叉麻将的不做,睡的地方,又要舒服,好比西席先生,更会搭架,她自己的本领呢?洗衣服既洗不干净,扫地又像画花,烧菜也烧不来,买东西时,拼命揩油,可称一无可取;但工钿倒自说自话,米贵的时候,要以米计算,每月几斗,到米价跌了,她又要照生活指数,有女客来吃饭,她就特别高兴,个个如此,人人一样,好比一个学校里训练出来的,完全一只袜。

一一七 过期票子

记得有一次遗失人家给我的一张支票。过了八九个月，忽然在一本旧书里头，发现这张支票，于是到银行里去领款子，而银行中对于这张支票，因为日子相隔八九个月，便发生了疑惑，就此退票，要我与出票人接洽，并非没有款子，实在是过期票子了。票子在当时，非常硬黄，一过期，便失其效用，拿不到了。这叫过期票子。过期票子一语，是指人而言，凡一个人在得意的时候，灼手可热，到时过境迁，此人落伍了，于是就无人看重他，说出话来，也不响了，大家不去睬他，再过一时，竟会大家忘掉这一个人的姓名了，这叫做过期票子。

我们在上海，冷眼看了几十年，看他们一班一班的出锋头的人物，好像药料中的甘草，什么事情也有他的份；但不多几年，这一班人物，就渐渐的无用，成为过期票子，社会上又换一班新人物了。这些新人物也不会长久，过了一个时期，锋头一失，吃官司的吃官司，溜的溜，跑的跑，到将来再出世，又成过期票子了，不知那里又跑来一批新人物，他们袍笏登场，也不长久，一忽儿又逃的逃，隐的隐，又是变成过期票子了。

我们再看那些女名伶，她在台上，真是红得发紫；但她的期间，实在是很短的，一过十年，就成了老太婆，这张过期票子，无人来捧场了，昔日越唱越好，今日变成越唱越觉其丑了。笔者近来常在马路上，遇到四十年前上海四大金刚之名媛金小宝，她已是个鸡皮鹤发的弯背老妇，谁知道她当初风靡过全上海的男性！

一一八 吃 血

　　血就是钱,古人以泉比钱,言其流而不息,今人以血喻钱,言其循环不已,所以一个人里面要血活动,外面要钱活动,血干枯而死,钱干血亦不能活,钱与血,实在是二而一的东西,上海是金钱世界,也是血世界,所以俗语说:"血天血地,血汤血底"。钱多叫"旺血",无钱叫"霍血",又叫"干血",又叫"搁血",纳贿叫"塞血",这是把血塞到人家袋里去,受贿叫"吃血",乃吃他人之血,受贿之人,胃口特别好,血是很腥气的,他们不怕血腥气,只要是血,都会吞下去,无论人血鸡血,鸭血狗血,他都能吃。血液之中,往往有毒,有病菌,那些吃血的人,并不用显微镜来检查血液,不管三七廿一的吞下去,所以吞得不得法,有时会出毛病,有时毒会发作,就是这个道理。

　　多吃了蛋白质,尚且能够补血,何况直接吃血,自然更补。所以贪官污吏、公务人员,往往吃得肥头胖耳,与富翁一样的面团团。做一个公务人员,薪水很小,那里及得到一个三轮车夫的收入?但他们非常阔绰,住了花园洋房,还有几处姨太太的金屋,出入汽车代步,他的薪水,只好拿来买香烟,他的一切开销,全是他人之血。会吃他人之血而养胖自己,才是大人物,大伟人;如果见血不吃,还要讲道德,重气节,只好一世穷。

　　报纸上的舞弊案子的新闻,层出不穷,差不多每一个机关,非点缀一下不可,实在贫血的官吏太多,所以要穷凶极恶的吃血了。

一一九 劈霸

金钱的别名很多,除称为"血"之外,又称"下儿",简称"下",此字须读平声,歇耶切,亦称"霸",故茶钱称"青霸",酒钱称"浆霸"。世界上惟金钱为最霸,有了钱,才有一切,所以第二次世界战争,各国都打得很穷,全靠美国的资力,战胜德日,富强二字,一定要富了才能强,不是先强而后富的,欲称霸于全球,非富不可,故金钱的别名叫霸。

因此钱袋称为"霸子",略作"巴子",所以马路上警察拦住去路而搜查袋内有无违禁品,就叫"抄霸子",霸有时亦称"霸儿"。分赃亦称劈霸,所以勒令交出赃物,叫做"呕霸",逼赃称为"挤霸",

(挤应读则恩切)受贿叫做"捞霸",纳贿称为"塞霸",亦称"吃霸",凡串通同党而诱人赌博,叫做"翘霸"。凡弄到了一笔来路不光明的钱财,就要实行劈霸,白相人劈霸很简单,可以在老虎灶上举行,只要老大哥一句话,大家都很服贴。其他如机关中的科长科员之类,如果款子较大,便在旅馆中开了房间劈霸,款子有很多的话,吃一顿午饭,在菜馆中实行劈霸,劈来比厨子切的四喜肉,还要方正而平均,大人先生们的劈霸,更为文明,只消为首之人,开了几张支票,见面之时,向对方袖内一塞。轻轻加几句说明,便为一笑而散,劈霸一语,近来又新称曰"蝴蝶梦",即用斧劈棺材户头之意。

一二〇　朝阳码子

有许多城池,东面一个城门,因为太阳出于东方,他朝对太阳,所以叫朝阳门,开店的老板,亦称朝阳,又称朝阳码子。因为老板就是东家,他既是东,自然可称朝阳了。

朝阳下面加码子二字,也并没多大意思,码子就是代名词,凡代名词中,第二人称,第三人称,都可以用码子二字。如"格档码子",即"此人"之意,"他良码子",即"他"或"彼"之意。其他还有"和老码子"(男)"苏老码子"(贼)"毕三码子"(乞丐)等等。

码子二字,并不是什么尊称,所以伙计们称自己的老板,一向仅称朝阳,外人称人家的老板,才称朝阳码子。伙计们对于老板,本是吃饭的主人,当然要带几分敬意,不过近来伙计们口中惯呼"打倒资本家"以来,对于这资本家的主人,也渐渐的不客气,毫无宾主之谊,他们对称朝阳,也称朝阳码子了。

近来市面不景气,开销又大,老板真不容易做,天天没有生意,差不多"日里吃太阳,夜里吃月亮",称他朝阳,倒也很对。这些店铺,有人称为洋货店,(养伙店)因为每天没有生意,无非养活一班伙计罢了,故称养伙店。而老板每天朝对着这几个太阳国人民似的伙计们,大家阴阳怪气,也大可以称得朝阳码子了。

一二一 滑显

滑显即滑头。显者头也。滑显二字，不是名词，是形容词。譬如一个人，无论如何滑头滑脑，决不能称他滑显，或滑显码子。这滑显，只能用于事物，且有虚诈之意，所以只有滑显的东西，或滑显的串局，决不会滑显的人。因为一个人，他有手有足，有躯干，有脑袋，完全真货，决不是滑显，他行为多滑显，而好行虚诈，滑显二字，就可以用在他的行为上。头称显，字体像形也。此语由来甚久，本是道士们的切口，道士中文盲极少，所以他们的切口，往往喜欢用像形字，或用拆字格，如称"宣卷"曰"宜巷"，称"斋主"曰"齐土"，皆像形也，滑头为显，也是像形，后来道士

的切口，有一部切流入普通吃开口饭的口中，再推而广之，更入白相人口中，于是滑显一语普遍流行了。

白相人王老五，走出浴堂门，忽然赶来三个起码人，其中人手拿一手枪，开口就说："爷叔！大衣借来用一用，今天弄僵了！"王老五一想：我在这一带，也很兜得转；不料今天竟会丢脸；但他们有手枪，也只好把件大衣脱下来；然而他还不服气，而道："你手里的老举，是滑显的。"那拿手枪的人说："爷叔！这是崭货，他会叫的。"说罢，朝天砰的开了一枪，就此扬长而去了。

马路旁的各种赌博，全是滑显的，或用三张纸牌，或用套签子，或用倒棺材，花样虽多，其滑显则一，赢钱的人都是同党，无非吸引乡下人入彀。本街弟兄们看见，可以去押一记，声明"弄一碗茶钱"，包可赢一次。

一二二　插蜡烛

在第五十一图,谈过蜡烛,现在再谈插蜡烛,对于蜡烛的本身,不必详加解释了,插蜡烛,并不是把蜡烛插到什么东西的里头去,乃是把蜡烛台上的杆子,插入蜡烛的屁股里。

昔日有人捉姨太太的奸,捉到了奸夫,把一根洋蜡烛,塞入奸夫的粪门之中,叫做"蜡刑",这当然非常难受;然相反的,把蜡台上的杆子,插入蜡烛的屁股,蜡烛自然也未必有快感!

上海人喜欢把人当蜡烛,自己略为懂得一些,便以为人家都是蜡烛,商店中接到电话,有人来打听市价,如果不肯说明姓名者,他们知道一定是同行中来打听市面,于是吃豆腐朋友,就要寻开心了。假如本来每斤一百元的,故意对他说:每斤一百二十元。这样一来,那同行上了当,定价也定一百二十元,价钱一贵,自然生意不会好了,这种恶作剧,就叫做插蜡烛,生意场中,蜡烛插来插去,这种玩意儿多得很,总之,给人捐木梢,都叫插蜡烛。

某公司要逃难了,重要职员,都奉命逃到台湾去,并且各人可带家眷;不料临行的时候,经理先生忽然变卦,他自己的家眷,虽然带去,而且在台湾顶下房子;但职员们的家眷,非但盘费要自己拿出来,而到了台湾,公司中不能住,要各人自己来设法房屋,于是全体职员,都很愤愤,大家不肯上台湾去了。逃难不带家眷走,如何放心得下呢?这样,经理先生便独自带了家眷逃难,其中有一位职员,劝经理把汽车也带去,经理很高兴,当真带去了,那里知道这种插蜡烛,台湾为防止香港走私货起见,对于汽车,是不许进口的,经理不知道其中底细,果然到了台湾,汽车无法上岸,仍旧退回上海来了,于是职员们老实不客气的把经理的汽车,大家随便使用了。

一二三 还 槽

还槽亦作回槽,物归原主之意。此语的最初,大约指马而言,马系槽旁,有人要借马,就给他离槽而去,到日后归还,便仍归回至原槽旁边,故称还槽。现在当然不一定指马,无论金钱,或东西,借了还给原主,都称还槽。

所以还槽二字,根本文不对题,完全是借用,现在的社会上,向人借马,实在是仅有绝无的事,只有跳舞场中,舞客要带舞女出去玩,舞女为自卫计,便到马桶间里去转一转,向小姊妹告借一用,便虚张声势的跟舞客出去,胡闹一番,舞客不能胡来,徒叹马上相逢,只得败兴而归。那舞女回去,送还那小姊妹,这称为还槽,倒也很确切,无奈一般的人,对于还槽二字,都是随便使用,真的借马,实在很少。孙先生在公共汽车中,失窃了一只手表,他托人去设法,希望回槽,开明了地段和钟点,说明此表大约值一千元光景,所以我肯出二三百元,再多,我也不要了。一回儿回音来了,他们的看法,认为此表可值四千元,所以要回槽的话,非二千元不可。孙先生听了,笑道:他们照子不亮,豁边了。

大亨老杨,冬夜归家,在弄堂口遇到剥猪猡,把他的皮大衣剥去了,老杨当他呒介事,不去追究。因为大衣袋内,有他自己一叠名片,他晓得一定会还槽的。果然第二天朝晨,小王拿了大衣,来见老杨,说昨夜小孩子们,有眼不识泰山,多多冒犯,要请你老人家饶恕他们。老杨口中一阵叽哩咕噜,小王便留下大衣,再三陪笑而退,大衣倒底还槽了。

一二四 剪边

普通与他人所爱之女子有私,叫做剪边;然推而广之,分去他人之一部分利益,亦称剪边。剪边并非全部吞没。乃剪去其一条边也。譬如一件衣服,如果剪去了一条边,衣服还是衣服,从人家看来,并不觉得他破碎,或是有什么窟窿,其实,是剪去了一条边了,女子亦然,他除正当的男人以外,另外与其他男人有了关系,表面上是看不出的,实际已被人剪去一条边了。

又好比一块糕,一个饼,拿剪刀来剪去一条边,吃掉一点,人家一定不觉得,还当他是一块糕,一个饼,实际上人家已经尝到滋味了,女子是个活货,当然与人发生关系,不会割去一块肉,割去一层皮的,称为剪边,无非譬喻而已。张文远与宋江的女人,偷偷摸摸,这就是剪边。

中国与美国订的什么双边协定,内容如何,我们不谈,双边二字,似乎很新,大约外交界也是怕人剪边,所以预备两条边,万一被人剪掉一条边,我们还有第二条边准备着。

为了剪人家的边,往往被对方知道了,闹成争风吃醋或是打架,或是弄到有性命之忧,这就是剪边剪得豁边了,把整个东西剪坏了。厨房间里预备好的菜,娘姨大姐们偷吃一些,仍旧将他摆得很整齐,一点不露痕迹,这叫做修边,不叫剪边。因为菜是另碎的。假定是全鸡全鸭或蹄膀,要吃去一点,那才是剪边。

一二五 顶山头

苏州人称唱滩簧,叫"打山头",不知何意?上海人称触霉头,亦曰"触山头",大约指飞机触在山头上,机坠人死,大触其霉头也。与人搭讪,称"搭讪头",搭讪何以有头?大约因有山都有头,所以不管山与讪有别,也添上一个头字了。凡与人挺撞,叫做顶山头,许多山头之中,以此为最伟大。顶山头,不管对方是平等的人或上级的人,他对于这件事,心有所不甘,他便不接受,便反对,便顶撞,给人家大碰顶子,凭你有千斤的力量压下来,他还是要拼命的顶上去,就是把一座山头压在他的头顶上,他依然要顶他一顶,把这山头抵抗一下的。有的人并没有什么主义,他生就的顶山头脾气,到处会与人顶山头。善处世的人,待人接物,样样和颜悦色,从来不去违拗人,明知对方的办法不对,对方的主张有缺陷,他也不做声,唯唯诺诺,一味尊重人家的错误,对于人家的主张,一点不容情的当面攻击,攻击得人家体无完肤,才达到了他顶山头的目的。

两个人有什么冲突,本来一句话就可以了结了,如果其中一方面爱顶山头,就会使另一方面生气,而致剧烈起来。假使两方面都是喜欢顶山头的人,一定会打起来。从徒有血气的人说:顶山头是有勇气,不肯顶山头的人,是奴隶,是不中用的东西。这种人大概是天生的刘阿斗。

一二六 横斗

不用正面与人争执,而从横里来一个出人意外的理由,拿来对付对方,这叫做横斗。这横字,不入八庚之韵,应从七阳之声,故虽写作横,而实际口语之发音,不读原音也。有某甲,对着某乙的门上小便,某乙开门,恰巧看见,便与他交涉,问他如何对着我的门而小便?某甲便来一下横斗,说道:你为什么把门开在我小便的地方?这句话,当然道理上是讲不通的,而他自己似乎振振有词,这只好说是横斗,不是真理。某君有一块地,在江湾区被人侵占,上面搭了棚屋,某君便与他们打官司,不料那位推事,是道地推事,他怕麻烦,专门把事情推开来,实行推事,他就问原告道:你的地皮,登记过了没有?原告说:还没登记。推事道:你没登记,就不能确认你的所有权。原告道:并非我不去登记,因为××区的土地登记,政府还没开办啊!那推事道:总而言之:你没登记,我不能承认你的所有权。这一来,原告的官司,十桩倒有九桩原告可以赢的,但来一下横斗,原告竟输了。横斗也有好处。凡与人交涉,用正当的理由不能取胜时,只有来一下横斗,一来可使对方的正当的理由,完全失效,二来横斗的理由,突然自天外飞来,使对方无法防御抵抗,这样的干去,横斗就可以成功了,然而横斗到底不是真理,他遇到了真理,总是要失败无疑的。

一二七 开条斧

开条斧应作砍条斧,凡用友谊的要人家破钞,叫做开条斧。好比一斧头向我身上砍来;但这斧头不是乱砍,也不要我性命,他是有条件的,有条件的斧头,称为条斧,譬如要人家请一顿客,要人家买一样东西给我,都在条斧之例。条斧不是瞎开的,在条斧之前,一定有相当的马屁,相当的米汤,或者为他奔走效劳,做过一件什么事情,略为有一点交情,于是开条斧的预备工作,已经完备,方始好将条件开上去。

条斧的资料,当然因人而异,因时而异,譬如说:我家里有多少田,一向押了出去,家里人不能生活,现在打算买回家来,维持家中生活,请你帮帮忙,我在若干日后,一定可以还槽的,此时人家情面难却,条斧一砍而就。

寡老开条斧,更为便当,场所最好在床上,时间最好在一梦醒来,大施温功之后,于是开口说:下礼拜三,我的三姑母要出嫁,我当然要去吃喜酒;但是衣服是有了,可没有首饰,怎么办?那一天,小姊妹很多,如果见我钻石没有一粒,金器没有一些,一定要笑的。我倒不要紧,不过你的面子,我要给你保牢。今天你陪我上几家银楼去走一趟罢!

滴笃姑娘见了过房娘,往往大开条斧,说道:我们要排新戏了,马樟花新行头添了十八件,筱丹桂添了廿三件,支兰芳添了十五件,都是她们的过房娘们做的,所以我特地来通知姆妈一声,可以早些预备,不然,姆妈一定要怪我的。

一二八 照　会

照会即执照,如汽车照会人力车照会营业执照等等;但俗语所谓照会,另有解释,非指以上这些照会,乃言我们人的面孔。面孔好,就说"照会交关崭",面孔不佳,就说"格只照会靠弗住。"为什么人的面孔,称为照会呢？其实,就是通得过通不过之意。车子上没有照会,在马路上行走,被警察看见,就此通不过。人的面孔,如果生得十分漂亮,人家见了,当然一致道好,人人通过,呒啥话头。倘使面孔有什么□缺点,大家就有批评,有的说他眉目太粗像牙刷,有的说他口阔如猪八戒,有的说他狮子鼻,批评不佳,当然就是通不过,所以面孔与照会,有相似之处,因此面孔就称照会了。

上海在租界时代,车子有什么"大英照会""法兰西照会"等分别,面孔亦然,漂亮出众的,称"大英照会",而不能满意的面孔,就称为"法兰西照会",因为一切车辆,在法租界都很马虎的。至于面孔丑陋的,称为"拆烂污照会",这大概指他父母制造之时,太拆烂污了。

在一班批评家口中,往往说:"张小姐身段真好,尤其是背后看来,十分苗条,如果绕到她前面,一看见那只照会,真会吓坏人。""王家嫂嫂,声音娇滴滴,一口苏州话,嗲得异乎寻常,隔着板壁听她说话,实在会浑淘淘,不过一见她那只好婆太太的照会,隔夜饭都要呕出来。""李家三阿姐,照会生得真崭,所以她不施脂粉,穿一身布衣服,到东到西,还是有吸引力量,照会就是本钱。"

一二九 | 吃得开

为人在世,第一要"走得开",因为一个人不能只自在父母膝下度日,或是关着大门过日子,必须要志在四方。如果待人接物,处处用热诚来对付,当然人家也很愿意来和你交朋友,这样,就走得开,无论天南地北,都会来欢迎你的。

第二,还要"吃得开",单单与人交接,还不能生活,当然要谋吃饭之道;而吃饭之道,乃是人生最大问题,单单自己吃得到饭,还不很难,所难者我一个人吃饭,千万不要妨碍人家;万一我吃了饭,会使人家受到恶劣影响,那就是吃不开了。所以在外面混饭吃,和气之外,还要

想自己,比他人,必须使人家落胃,就是要我损失一点,也不在乎,这样一来,人家晓得你很义气,对你就会生几分敬意,背后称赞一句"某人很吃得开"。万一你只顾自己,不顾别人,一味狗皮倒灶,非但自己的进帐,不肯破钞一点,而且最好常常要使人家损失,这就是吃不开。倘使大家与你绝交,你就不但吃不开,而且还走不开。

以色列留学生,或犹太朋友,这些人都吃不开,他们处处吝啬,样样刮皮,他们非但待人刻薄,连对自己也很会较量,所以更谈不到什么慷慨,什么义气,一味是烧香拔蜡烛头的作风,那里可以与人交际,只好困守在家中,孵孵豆芽而已。

但也有一部人,看来很吃得开,他交游既广,而且有急公好义的表示,什么事情,都肯为人代抱不平,俨然社会上的领袖,黑暗中的救星,然这些人,我们就要看他:有没有什么副作用?假使到选举之时,他要把大众派派用场,来一下"请投我一票"等事,那末醉翁之意不在酒,并非真的吃得开,不过借此作广告罢了。

一三〇　咸　肉

人肉市场,也和猪肉牛肉的市场一般,有鲜肉咸肉之分,那猪肉牛肉还有酱肉风肉蜡肉等等,而人肉的阶级种类,也相当复杂,比猪牛肉花样更多,现在且谈咸肉一种。咸猪肉到天气一热,就会有些臭哄哄,叫做臭咸肉;然而臭虽臭,却别有风味,有人爱吃这种臭货,例如臭乳腐臭豆腐干,一样有人爱不忍释。人肉中的咸肉,并非把人用盐来腌过,所谓咸肉,无非说他臭哄哄而已。咸肉之发臭,苍蝇等物在上面飞来飞去,要嗅他的臭味,这样一来,咸肉的价值,就跌下去。所以咸肉在人肉中,他的地位是很低的,因为得来全不费功夫,只消赶到咸肉庄上去,立刻就可以吃到,所以不是贵品,总之:人肉要愈不易吃到,就愈有价值。咸肉之中,也有好几种,高等的咸肉,就称火腿。

有一种腌货店,每天晚上,有煮熟的咸肉拿出来,一块一块的另碎卖,而店门口站着许多人,在那里选择,各人买了几块拿回去下酒,或当夜饭小菜,这也和咸肉庄上的情形,有些相似。

咸肉庄上,备货并不多,除了几块坐庄咸肉之外,其余的咸肉,都散处在各人的家中,要等吃客到了,方始去叫来,要瘦的肥的,由客人挑选,合则留,不合则去,客人看来配胃口,便在庄上大嚼,并不拿来下酒下饭,空口里可以吃咸肉。不过咸肉到底不卫生,吃咸肉吃出毛病来的,也很多。

一三一 另有一功

凡人的功夫,功架,功路,非常特别而与众不同,称为另有一功。亦作另有一弓,有时称"另有一只弓"。普通的人,功夫用在金钱上,用在女色上,用在学问上,用在技术上,一个人总有一种趣味。如果有人功夫用得特别,像从前辜鸿铭好色而喜欢女人的小脚,这可称另有一功了。

功架也有一定的型,做官的有做官的功架,做贼的有做贼的功架,当然大伟人大人物,有大伟人大人物的功架,决不会与市井小人差不多。希特拉虽是个混世魔王,在当时,却是一个大伟人大人物;但我们在电影中看他那副功架,贼头狗脑,简直像一个小丑,也是另有一功。

功路虽各人用法不同,有的人喜欢对人吹牛,有的人喜欢对有财力的人拍马,有的人爱走内线,有的人爱拿金钱来运动,这些都是人情之常。如果有一个人,为了自己进身之阶,情愿把自己的妻子或妹妹或女儿,献给有势力的人,这种功路,也是另有一功。

另有一功,也有人作"另有一工"。凡在工业界服务而以劳力换饭来吃的,都是工人。如果名义上虽是一个工人,而他天天在那里谈政治,一味模仿马路政客,这些人,工而不工,也是另有一工。

射箭的弓和打弹子的弓,现在已经落伍了。而弹棉花的弓和量地皮的弓,仍旧还用得着,此外没有什么弓了,近来小孩子们自己用铅丝和橡皮筋做的小弹弓很流行,很特别,这是"另有一只弓"。

一三二 和 调

和调乃和他人之调,有人作"胡调",实误。譬如乙与甲配戏,甲若唱上字调,乙当然也好唱上字调,如果嗓子够不上,那末,不唱调面而唱调底,也就和得上去了;万一他唱他的二簧,我唱我的西皮,这就不是和调。他人说什么,主张什么,我也附和上去,这就是和调。昔有一位公子,家里养着许多门客,其中有一位门客,最会和调。一日,公子说:我今天出游,打算骑马,门客和调道:骑马最好,快马一鞭,瞬息百里,而且眼睛可以看到三面,再好没有。公子忽道:我又打算乘轿了。门客忙道:轿子比马更好,不会闯祸,非常安稳,而且可以避风雨。公子又道:我想乘船了。门客又大和其调,说道:船更好了,船上可坐可卧,可以饮食,可以打牌,好到不能再好。公子忽道:我又想坐车了。门客即道:车子比船快,而且不必靠顺风顺水,很好很好。公子又说:我想步行了。门客道:安步当车,更为安全,顺便可以运动,步行更舒服了。公子见那门客一味和调,心里有些好笑,便说:我又不想步行,我打算在地上打滚你看如何?不料那门客不晓得公子吃豆腐,依然大和其调,说道:很好很好,你在地上滚,更为安全,决不会跌交,第二,用不着脚劲。公子忙道:你这和调码子,真不顾人家死活,我在地上打滚,你还和得下去么?我看从此以后,还是滚你妈的蛋罢!但世上的时髦人,无非全是和调主义。人家说什着,我也说什么。妇女们的流行衣服,也全是和他人之调,十分之十是抄袭。

一三三 臭嘴

臭嘴与嘴臭，虽颠而倒之，仍归只有二个字，而意味大异。一个人吃多了东西，消化不良，食物在胃中腐败，臭气上升，从口中喷出来，人家嗅到了，十分难受，这叫做嘴臭。医防嘴臭，只消多用些消化药，少吃些杂食就好了。至于臭嘴，并非真性嘴臭，乃一个人口没遮拦，喜欢说人家的短处，道人家的秘密，他的嘴不肯谨慎，爱乱说滥话，好比鱼肉摊上硬要把东西贱卖给人，这鱼肉一定已经臭了。所以臭嘴不是真的嘴臭，是一个形容词，无非说他的言语无价值，说出来的说话，大半很龌龊，所以好比他的一张嘴，像一只粪缸，一肚子装满了不洁之物。

臭嘴朋友，个个肚子里装不牢货色，今天耳朵里听到一些新闻，留在肚子里过夜，就会坐立不安，一夜不能安睡，最好马上向人讲一个畅，方始能够身心舒泰，安然入睡。

臭嘴朋友有宣传天才，而且他肯为人义务宣传。不收人家运动费，不要人家津贴，他得了一个秘密消息，会逢人便讲，大谈特谈，非常热心，不过他有一条件，他不是隐恶扬善，他是隐善扬恶的。谚云：恶事传千里，这就全靠这班臭嘴朋友。

臭嘴们尤喜在人多的地方，高声谈论，他以为这可以比对个人分别宣传，有事半功倍之效。他一见有十几个人聚在一起，他就高兴了，说道："我家隔壁王家嫂嫂，近来偷一个和尚，那和尚每夜穿着西装，从他家后门进去的。""对门张家，一个十三点小姐有几个月不见了，听说肚子大了，昨天弄内垃圾桶旁一个私囡，已经死了，身上包一件旧旗袍，我就断定是十三点的，不相信可以领你们去看过明白"。

一三四　削老

削老者，师父也，老师也，老夫子也，先生也。凡教什么学问技术的，都称削老，或者曾经一度在红毡毯上拜他为师的，亦称削老。但本人以外，旁人亦可称削老。师即先生，先生比我先出生在世上，当然应当比我老一些，老了才有教诲人的资格，所以年轻而好为人师的，往往喜欢在三十岁光景，就留起胡须，拿来倚老卖老，亦可给人家呼他一声老夫子，或老师。

孔老夫子说："自行束修以上，我未尝无诲也"。可见孔老夫子只消至薄的束修，他已经很愿意教诲了；但现代的老师则不然，他们既爱称老，又喜欢削。

削就是剥削，老夫子没有钱用，便做一次寿，学生们必定要大大的孝敬一下，如果今年做过了寿，不能再做了，于是来一下师母做寿，再剥削一次，每年端午中秋年底，学生们又须被老师剥削一次，老师同学生一同出门，在路上走走，假定经过一家大衣店，老师站定了，批评那些大衣，这件好，那件更配我的身，一味称赞，又说可惜今年没有钱买，只好冻好了。学生心里明白，明天便去借了钱来买大衣，拿去孝敬老师，老师会剥削，所以称为削老。

现在那些教小孩子的老师，也个个都是削老。开学时收了学费，用不够时，又要收第二次。有的还要以米计算，与孔老夫子的束修，大相反背，而且还有什么尊师金进修费的剥削。尊师是要人家尊的，自己定下尊师二字，有些自尊自贵。进修二字，更为笑话，好像老师在师范学校还没毕业，要去补习呢！总之，学校里给家长的通告，只有两件事，不是放假，便是要钱，种种剥削，无非要削得他面皮老。

一三五　极灵牌

灵牌亦作令牌,乃法师所用,阔二寸,长四寸,是长方形的木牌,上有符咒。灵牌一碰,可以呼风唤雨,撒豆成兵,因为这灵牌能召天神天将,所以什么都可以差天神天将去做。法师往往碰了一记,念道:"杳杳冥冥,天地同清,五行之祖,六甲之精,兵随令转,将听令行,道香一炷,十方清净,法鼓三通,万神现形。"念毕,他先来一下总召,然后再在黄赵朱石马殷温康岳孟十大天将中,召一员或两员,这是普通的召将。灵牌的用途如此。另有极灵牌,是平常不用的,此灵牌很小,藏在身边,要发极时才用。或者普通的天神天将办不了,不能降妖捉怪,那末,只好碰一下极灵牌,请一位力量更大的天将来了。

昔日有一位第十七八代张天师,某日,在茅厕上出恭,不料忘带草纸,他发极了,身边一摸,只有一块极灵牌,他就拿出来一碰,召王灵官来。王灵官问他何事?他说要一张草纸。王灵官不敢不依,去拿了草纸来,灵官想,我是看守南天门的,怎么来有守你的后门?就此举起鞭子来,在张天师头上打了一鞭,打得张天师脑袋烂了三年,后来服了九鞭壮阳丸才好的。这是一则极灵牌的故事。

极灵牌实在是很厉害的,比王灵官还要厉害,因为王牌是尽自己家里所有的东西,摊出来罢了。极灵牌是可以把自己家里没有的东西召来的,所以极灵牌用场极大,美国与日本打仗,打了好久,便来一下极灵牌,就是原子炸弹,如果没有这极灵牌,当然战争还不会了结得这么快。中国法币膨胀,便来一下极灵牌金圆券,白相人过年过勿落,便来一下极灵牌,秋风帖子乱发,一定可以换换季。

一三六 光 棍

光棍一语,本是一个名词,但是可借作形容词,凡无财产无家室者,称为光棍,一条裤子一根绳的朋友,更是纯粹的光棍。如果一个人穷虽穷,而对人家并不狗皮倒灶,慷慨的地方,还是很慷慨,义气的地方,还是很义气,情愿当去了自己的袍子,去帮助人家,人家便称赞一声道:"某人倒蛮光棍格!"这光棍二字,便是形容词了。

江湖上有两句俗语,叫"光棍犯法,白绑自杀。"这就是说明一个光棍之所以光棍也。光棍就是好汉,他们犯了自己弟兄们里面的规则,他决不逃避,也不强词夺理,也很能够自己承认自己的罪,而肯自己绑了自己,请求把自己杀死。此人才够得上称为光棍,其光明磊落的态度,亦称为光棍。(形容词)

一个光棍能有光棍的精神和态度,来对待人家,这就吃得开,走得开,不但在家乡地方,可以混得下去,就是三关六码头,也尽管去走动,可以通行无阻。

有钱的人,仗义疏财,比较容易,他肯为人家用掉几个钱,排难解纷,事情就不难解决了。至于一个光棍,他往往自己混饭吃,尚且不容易,何况还要救助人,处处不肯自私自利,先把朋友做主,自己做宾,先要朋友吃饱了,而然后自己才敢吃,这真是光棍,实在光棍二字,太侮辱了光棍了。一个人真能有光棍的精神,可以说就是圣人了,无奈那些胸无点墨之人,不懂什么大圣大贤的行动,所以另外去定出这光棍二字。试问世上真的光棍,能有几人啊?

一三七 落 胃

　　落胃乃舒服之谓,又有实惠之意,凡食物落入胃中,即可消化而由后宰门变黄坤山出松。如果食物梗在喉中,不上不落,那便是不落胃。不落胃就难受了,与骨鲠在喉,也差不多,弄得不好,非但不能入胃肠,说不定会吐出来。公务人员们表现贪污,如果心平一些,不贪大财,只要"小拿拿",就很落胃,决不会被人告发而吃官司。凡自己经手的赃,也须很公平的分给同僚们,劈霸要劈得清,情愿自己少拿些,让大家多拿些,帐目可以公开,这就非常落胃,包可太平无事。万一不分给人家,一味揩油,这就是不落胃,结果,当然会出毛病。所以贪污容易,要落胃就难了,适可而止,就很落胃;万一不识相而一定要照着牌头买洋房买汽车,这就危险了。倘使只求手头宽裕些,那一定可以落胃之至。譬如有兄弟二人,哥哥收入不多,是个薪水阶级,他倒很要场面,其实,死要面子活受罪,往往借债度日。弟弟做一个工人,收入比哥哥多,而且还有夜工,一面还每月加工资,弟弟不要场面,身上衣衫很旧,但每月有盈余,老婆手上,有几只金戒指,真是很落胃。

　　王妹妹从前做舞女时,很有些积蓄;不过他爱小白脸,姘过几个小白脸,她的积蓄,一起贴光了。后来她嫁一个小商人,满面麻皮,倒很能赚钱,夫妻二人,成了小康之家,王妹妹现在就落胃了。

一三八 识 相

相面先生识相,能够知道人家的吉凶祸福,普通的人识相,能够知道自己的吉凶祸福。总而言之:善观气色,是一个人的处世要诀,所以与人交际,第一要识相,先观对方的气色,如果对方面色似乎很欢迎你,你就不妨大献殷勤,与他热络一番。万一对方面色,有些阴阳怪气,那末,还是不必久坐,早些一走了事,这就叫识相。假使人家今天恰巧请客,厨房正在备菜,你突然闯去,勒煞吊死的不肯走,主人因坐位有限,不能留你,你还是烂屁股似的坐着,这就是不识相。

滑头伤兵,三五成群,到人家去募捐,这种滑头生意,第一要识相,见人家家里只有女子,没有男人,就大可以穷凶极恶的做出来。假使见了男人,就应当说我们八年抗战,为百姓牺牲等话,当然他们无法反对;万一见对方不声不响的去打电话,那一定报告宪兵队,或警备司令部了,你还是识相些,赶快的走罢,否则,会捉将官里去。

和调寡老在外面,见了熟识的男子,不要随便照呼,先看看他旁边,有没有带女人?若有女人,就只好识相些,装做不认得,如果你不识相,开口老二老三的乱叫,那女人假使是他夫人,回家去,一定会吵闹一场。就是她的姘头,也会背后骂你一声十三点。小抖乱们在娱乐场中,遇见一男一女,无论认识他们二人,或只认识其中男的或女的,千万要识相,还是避避开,他们也当然心里明白,非常窝心。如果你硬要去撞见他们,这就太不识相,背后会骂你山门。

一三九 花　瓶

女子职业是神圣的，但自从提倡女子职业以后，各处写字间内，多了一批阴性饭桶，这大半是经理先生的亲戚，他们并非为薪水而来，无非在写字间内坐坐，做做广告，做做样子货，以便日后得到一个结婚对象。所以那些女子，都在结婚适龄期，决不会有五六十岁的老太婆，或十一二岁的小女孩，她们因为是样子货，所以个个打扮得花枝招展，面孔上涂脂抹粉，一天到晚用小镜子照着，这些饭桶既十分美丽，便不配称饭桶，大家都叫她们花瓶。

花瓶很有美观，除了供在桌上做装饰之外，与古董一般，毫无用场。花瓶不能当他酱油瓶或酒瓶用，只好供他欣赏；但花瓶外表面虽然很美，而内部并不高明，一来，无论什么树枝，都插得进去，二来，花瓶内多水，而那些水，往往十天八天不换，会腐败而发臭，所以花瓶虽美，内容往往不堪设想。

写字间里的男性们，天天对着那些活动月份牌，人非草木，孰能无情，自然会由欣赏而爱好，爱好而占有，于是带到外面去，或家里去，把花瓶当做实用品，拿来做酱油瓶酒瓶之用，如果家里本有醋瓶的，就不免有打翻之虞。

花瓶不是碗盏缸甏等粗货，他经不起高温度，如果热到一百度以上，这花瓶往往会热得爆裂。又花瓶内装了水，不能叫他太冷，冷了，水会冻，便成水泽腹坚，那腹部膨胀起来，花瓶也会破碎。花瓶虽是无用长物，然写字间内没有花瓶，大家就嫌得寂寞了。

一四〇 吃斗

两只蟋蟀相遇，如果一只其势汹汹，非与对方打过明白不可，而另外一只，也旗鼓相当，很愿与他周旋一下，这就叫吃斗。你要斗，我也很吃这一功，这就是吃斗。万一甲方勇纠纠，气昂昂，要想扑过来，而乙方回头就跑，不敢抵抗，这就叫弗吃斗。

人也是如此，白相人双方冲突，一方面聚了数十个弟兄来摆华容道，另一方面假使吃斗的话，也去叫一班拳头大臂膊粗的朋友来对付，一言不合，即可大打一阵。万一另一方面弗吃斗，溜自然溜不掉，只好央人出来吃茶讲开，国际方面，一向与白相人差不多，你也备战，我也备战，这也是吃斗。即使实力不足，表面上也得来些空城计，表示军备雄厚。万一军事方面，不能十二分适合理想，便用出其他的力量来，有的用外交，有的用物资，有的用捣乱，各有专长，各不相同，而军备上，还是很吃斗，所以美国有了原子炸弹，苏联便大伤脑筋，宣言也有原子炸弹，表示吃斗也。

吃斗还有一种解释，乃为吃而斗也。告化子相打，打胜的去占领包饭担，打败的只好看吃。白相人相打，结果总是拉台子，大家大嚼一顿。国际之间的战争，大半为了百姓的吃饭问题，日本在发动战争之前，口口声声说人口过剩。人口过剩，便是食粮不足，便须向外发展。

吃斗二字，亦有借作形容词者。假使一个穷光蛋，忽然行头全新，坐了汽车，招摇过市，大家就会说："赤老现在吃斗来！"这是说他能与富翁们吃斗。

一四一 甩翎子

字典上无甩字,这是俗字,饭店里的帐上,把鱼尾写作"甩水",甩音豁,而滩簧"卖青炭"的脚本上,有两句唱句道:"顺手走过小桥湾,手拿更篮甩两甩。"这里甩字,又应念作忽哀切了。俗字本出杜撰,当然可以借用。翎子是前清官员们一种礼服上的装饰,大官们戴了顶子,还拖翎子,这翎字有蓝翎花翎双眼花领等等,都有品级,不能随便使用的。翎子用鸢毛做成,装在帽子后面的。甩翎子是动词。昔日中国刚与外国发生国际关系,某大官出使欧洲,有一次,在宴会上,忽然那天大员右面坐的一位贵妇人惊叫起来,说她头颈里忽而接触到一件毛蓁蓁的东西;但总也找不到。

真在奇怪时,而大员左面的一位贵妇人,也同样的惊叫了。仔细一研究,乃是这中国大员的翎子,他脑袋旋一旋,翎子的梢,便接触到旁边袒胸袒背的贵妇人头颈里去了。这是甩翎子的笑话。甩翎子一语,有丢眼色之意,亦有用暗号指点人之意,又有暗通秘密消息,叫人行动之意。前清大员审官司时,他对于法律往往不很熟,而刑命师爷,都在后面窃听,大员至无办法时,便把头一摇,翎子甩到一个着身二爷的头颈里,二爷会意,便到里面去,其时师爷已把如何问法,写在一只茶碗内,二爷把茶碗送到老爷案桌上,老爷打开茶碗盖,一看,便照此问下去。这是甩翎子的发源。白相人在茶馆里吃讲茶,见对方非常强硬,讲不下去,便台子一碰,甩个翎子,大家就动手开打,某人犯了案,牌票出来了,有人知道了马上甩个翎子叫他逃走。住家鸭鸡在客人面前,往往向娘姨会翎子,抛去香烟头,抛去香烟匣,都是暗号,娘姨就会照办。但各人暗号不同甩翎子则一。

一四二 触 铲

凡训斥怒骂,均称触铲。何谓触铲?即一顿臭骂,可以"触到的霉头,铲他的地位"也。

小王姘了一个自己写字间里的花瓶,有一天,在某酒楼替花瓶做生日,邀了七八桌朋友,闹得不亦乐乎;不料被小王的老婆知道了,便闯到酒楼来,她当着众朋友和花瓶,把丈夫一顿触铲,说他如何荡尽父亲的财产,如何骗去自己的私蓄,在岳家,又负了好几草债。公司里,又亏空了多少钱,现在家用开销,一些不管,连小孩子的学费,都是我母亲拿出来的。枉为男人,真不要脸!又对那些瓶说:你要看中他,再好没有,我可以无条件把丈夫奉送的。他老婆这样一闹,自然不欢而散。朋友们都看不起小王,连那花瓶,也晓得小王是个穷光蛋了。公司方面,查出帐来,就把他停生意,触霉头,铲饭碗,都被老婆一顿骂出来的。

陆老板在他六十岁做寿的一年,拿出一笔很大的款子来,打算做些善举。他的徒弟小杨献计,劝陆老板到家乡苏州去施棉衣棉裤一千套,陆老板一听,倒也赞成,于是便托小杨到苏州去办理此事。小杨去了一个月,才回上海,把施衣的成绩,讲给陆老板的听,将此事告一段落;不料开了年,在吃年酒的时候,陆老板把小杨叫来,当着众亲友说道:今天接到苏州亲戚的报告,说小杨代我到苏州去施棉衣棉裤一千套;那知他们一套也没施给穷人,把这钱在牛角浜,买了一所屋房,他已经搬进去住了。小杨揩油,揩到我头上来了。我叫他施衣,他竟施房子,叫他施给穷人,他竟施给自己。从今天起,你们莫再相信小杨,他的饭碗,我已代他辞掉了。

一四三 横竖横

横竖横这句话,分开来看,上面横竖二字,乃副词,下面的横字,是动词。横竖即"既经这样了,何妨索性……"横字最初指女人而言,正当女人不能跌倒,跌倒即横,横过一横,那就无所谓贞操了。

弄僵朋友闯到人家去,想小偷偷,不料撞见一个女人,他想既经被她看见了,我也不用逃,总得发发利市,横竖横了,索性做强盗罢!便用强力去抢那女人手上的金戒指,抢得了金戒指,拔脚就跑时,忽听得那女子叫道:"好!你抢东西,我认得你面孔,杀坯!"此人一想糟了,她认得我面孔,将来一定不会太平,我横竖横了,索性把她干掉了,以灭其口罢!于是见桌上有一把切菜刀,他就拿起来,把这女人一刀,果然丧了她性命。此时他见犯了人命,倒有些担心起来了,他晓得人命案子,一定要追究的,我横竖横,索性放他一把火,连房子都烧掉,就什么痕迹都没有了,连来几个横竖横,此人由小偷而变成强盗杀人放火等的大罪人了,横竖横,含有一不做二不休之意。

赌徒在赌场中赌钱,输了之后,便容易发挥横竖横的精神,起初非把囊中所有的钱一齐输完不可,其次就是向人借钱来赌,再输了,就回去偷老婆的首饰,再输了,去偷母亲的寿衣,抱了横竖横的宗旨,便什么都做得出来,卖祖产,卖祖坟,卖妻子,一横而无不横矣。

闯大祸,都由横竖横而来,相打亦然,起初不过一言不合,后来打到头破血流,竟会动杀心。国际战争,也是如此,最初是小冲突,后来便成了数百万人送命的大战,大祸的开始,无非横竖横而已。

一四四 小抖乱

一串边炮放起来,从头至尾,连续下去,很有次序。如果把这串边炮,抖一抖乱,然后点火放,声音就杂乱不堪了。一个人的言语举止行动,假使没有秩序,与普通人不同,有话不管三七廿一,随便说,对着人,便什么都干得出来,宛如一头脱缰之马,不受什么拘束的,这叫做抖乱。抖作脱幽切,不作德幽切,否则,便是浑身发抖的抖字了。

大概一个人的行动抖乱,都在年轻时代,所以称小抖乱。到了年纪一大,或者吃过了抖乱的苦头,自己晓得不好,就会慢慢的谨慎起来,改过自新,所以世上独多小抖乱,而老抖乱到底很少。又小抖乱都是男子,虽然也有女性的小抖乱,但这些女性,往往带些十三点式气,外表面那些十三点作风,把小抖乱作风遮盖去了。

父母溺爱而家里有钱,尤易成为小抖乱。他从小在家庭之中,一切任性惯的,谁都不能违拗他,他要什么,一定要办到了才满意。到年纪一大,一踏到社会上来,这当然与家庭中不同,他仍归要发老脾气,从人家看来,就晓得此人是个小抖乱了。而且这种公子哥儿,一定旁边有几个蔑片,跟他和调,旁人越是和调,他的抖乱脾气,发得越足。而那些蔑片呢!最好使他常常闯祸,他们从中调解,可以有些进帐。

上海著名小抖乱叶仲芳,在苏州夜里去打平襟亚之门,襟亚当是强盗来了,吓得躲到屋面上去,一面打电话通知警局,后来关了城门,大捉强盗,事情闹得极大,弄得满城风雨,一如大祸之将临,其实,不过叶仲芳叩门的方式,太抖乱罢了。

一四五 搭　脉

医生跟病人诊病，只消三只指头，在病人脉上一搭，他便可以由脉息的迟速强弱而知道病情，然后可以下药治病。搭脉一语，就是从这里来的；但并不用于探索病源，而在探索皮夹子里内容充实不充实。

电车之中，扒手看上了一个屈死，先要探探他身边有没有血，免得白做工作，所以他也要搭脉，试探他身边钞票多不多。他先借着电车的动摇，把自己身体，在那屈死身上一撞，撞的时候，就可以摸到他怀中有一只厚厚的皮夹子，于是诊断确实，就可以动手术了；但搭脉不可错误，必须准确。马路旁边的走方郎中，看着站立在旁边乡下人的面孔，说你有病，你的病很危险。也要想大用其生意经，但他先把乡下人拦腰一抱，把他的身体举起来，离地一尺，这不是诊断病情之术，乃是借此摸摸他腰间搭膊内，有没有钱，然后向他开口要多少钱，倘摸得有钱，然后向他开口要多少钱，方能治好此病。如果没有钱，就送他吃一包甘草末，说一声与你有缘，不取分文，这也全靠搭脉。

女相士为人相面，往往定价只有二元，后来逐渐增加，可以加到数百元，这也用搭脉之法，她叫你到内室去，来一下摸骨相，摸到了充实的皮夹子，那就不肯放松了。而且他说不定会叫你交临时桃花运呢！

马路上的野鸡，她和娘姨二人拉客，拉的时候，竟会把这客人身体抬起来，两脚离地，使你身不由主，只好由她们指挥。其实此时，她们正在摸袋袋，试行搭脉，如果脉息太弱，她们见不是户头，二人便同时放手，客人就跌了一交，其时她们也溜掉了。

一四六 拿橘

凡不顾大局而为自己利益,故意搭架子而表示拆台不干者,叫做拿桥。拿桥还有要挟之意,此语在戏班里,凡一个角儿唱红了,他发起狗戎脾气来,就往往要拿桥,他对老板有所要求,如老板不允,他就在他拿手好戏的一天,忽然请假,老板见正在天天客满的时候,这名角儿一请假,当然无人能代,即使有人,也代不了,必致闹退票风潮,一定闹出乱子。这时候老板无法可施,只好答应他的要求。这种拿桥,当然总会成功;但是如果老板不受触,情愿停锣罢演,他也无所施其技了。

什么叫拿桥?据说:从前有一家人家死了父亲,请道士来做道场,在傍晚的时候,斋主看见那老法师,偷了几个蜡烛头,他便说了几句不三不四话的,那老法师听了,非常不快,其时正要穿渡桥了,老法师拿住了那一项纸制的桥,不肯干了。于是斋主大起恐慌,因为不穿渡桥,死者不能渡登彼岸,就会入地狱。为人子者,岂忍使他父亲坠入地狱之中,于是只好向老法师陪罪,要他把桥放上去,举行穿渡桥法事。老法师便要求在吃夜饭时,添加一碗红烧肉,方始把纸桥放上,使死者渡登彼岸,这是拿桥二字的来源。公司商店中的帐目货物,如果某一项账目货物不是几个人共同管理,而是一个人管理的,就会发生拿桥等事,因为假使此人一请假,他人就无从着手,这就非常危险,拿桥还是小事,往往会发生弊端,他要作起弊来,谁都不会知道。他要拿桥时,老板也只有向他低头的,然而老板如能防患于未然,把他的能力分散一些,也不怕什么拿桥了。

一四七 狗皮倒灶

人类男女之事，金圣叹所谓：无日无之，无地无之。与饮食一般，并不郑重。而动物则不然，他们都有一定的时候，常言道："畜牛皮不看天时"。可见牛之交合，先要看天时是否合宜。但牛奶棚的主人，见雌牛奶水渐少，便牵雄牛来，硬使他们媾合，叫他再行受孕，这可称牛皮倒灶。他是不看天时的！

雌狗每三个月一次，那生殖器内，可以发出一种香味来，使雄狗们嗅到了，有些神魂不定，那狗的嗅觉，本来是极灵敏，所以街上有一头雌狗，生理上发出这种诱惑的味道来，能使附近的雄狗，一只一只都会跟在这雌狗后面去。

到一雌一雄在路旁成交了，于是聚而观者数十人，嘻嘻哈哈，非常起劲。其实，这有什么好看！而且还有多事的人，去拿些米泔水来，浇在二者交接之处，这样一来，那雌狗的生殖器，在性变之时，浇到了米泔水，从此就会发烂，烂到不可收拾，这就是狗皮倒灶。那类乎浇米泔水的那种事情，便称狗皮倒灶。

狗的交合，干卿底事？围着观看，已经是多事了，何必还要动手动脚，去破坏狗的好事，试问这狗皮烂了，于你有何好处？他烂死了，于你更有什么利益？所以狗皮倒灶的人，往往他的思想动作，与自己并无益处，而使人家受到恶劣的影响。

洋泾浜图说

一四八 | 扎　硬

　　无论什么零零星星的东西，或者是柔软的东西，搬运起来不便，只消用绳子扎一扎，就硬了，硬了就便于搬运了。譬如棉花，又是零星又是柔软的东西，只要拿来扎一扎，捆一捆，就成功又坚硬又整齐的一件，凭你掷来掷去，也不会损伤，把他上轮船上火车，也毫无妨碍，就是运到外国去，也决不会走样。

　　一个人死了，浑身又冷又硬，但家族们一定要把死人当活人看待，也跟他穿衣着裤，打扮得齐齐整整；不过死人一穿衣服，反而不容易搬运了；而专门吃死人饭的土工们，专家自有妙法，他们会把三道带子，将死人身体的上中下三部，各扎一道，便扎成稻草豆箕柴那么的东西，土工只消用带子一拎，可以从三层楼的搁楼上，一个人拎他到下面客堂里去入殓，一扎就硬，处理很便当了。这就是扎硬！在舞台上扮戏，无论头发生得如何，只消用网巾一扎，水纱一扎，一个脑袋，就变硬硼硼，凭什么盔头戴上去，都吃得消了。文官身上，本应宽袍大袖，而武将是要开打的，身上衣服，不可噜哕，所以要着甲，着甲亦称扎靠，这东西，须用绳子扎在身上，一道一道，扎得气都透不过来，而且越紧越好，松了，一打就会出毛病，所以扎靠的玩意儿，冷天倒呒啥，热天是性命交关。

　　扎硬，就是扎了才硬。其实，扎硬一语，与弹硬无甚分别，也不过是硬的意思。

一四九 败　兆

败兆即衰败之预兆,一个人年纪轻轻,精神萎顿,不思长进,饱食终日,无所用心,混身暮气,这种人将来如何,也可想而知,因为他的衰败之预兆,已经表现出来了。一家人家,也是如此,友人到他家里,只见杂乱无章,龌龊不堪,大哭小喊,闹得家宅不安,这也是败兆,这一家人家,一定无兴旺之象。一个机关里,大家都要十点多钟来签到,而且十只位子,倒有六只空。办公之人,都在嘻嘻哈哈吃豆腐,这一个机关的命运,也快到了。我们看了"明末遗恨",就可以晓得这败兆,早已充满在朝廷上了。

我尝在早晨七点钟以前,闯到人家去。多数的人家,都没起身,而有几家,非但合家上上下下,都已起了身,而且主人兄弟,都出外去了,一问他们上那里去？回说：练习运动去了。我就晓得这一家人家,一定会发达,他们早有了兴旺之预兆了。起早起,乃一个人最起码的努力,因为这最自由,完全不受他人拘束的,如果一个人连这一点最起码的努力都做不到,那末,其他一切,也不用谈了。一个人睡到日上三竿,也是败兆,古来大英雄大豪杰,那一个是清早不易起身的？

一个时髦女子,拿出一支蹩脚香烟来敬客,这也是败兆,大家就知道这是一位阿桂姐。

一五〇 程麻皮房子

程麻皮的房子乃一句隐语,他的谜底,是"邱料作"。四五十年前,上海的大房东,程麻皮也是数一数二的一个,他在上海的房产,相当的多;不过他的经营方法,与人家不同。他造屋时,所用的木料砖料,很不考究,都是劣等货,他的算盘是成本轻。人家造弄堂房子,每幢要五百元,而程麻子的房子,用劣等材料,只消四百四十元一幢就够了。他成本便宜,预算在若干时候以内,成本可以一齐捞回,以后都是赚头了。但他房屋的作料既不佳,自然房客们都知道他的货色搭浆,都说他邱料作,于是程麻皮的房子一语,流行在上海滩上,意思就是说邱料作。

因此凡是称到邱料作,都可以叫做程麻皮的房子,譬如一位富家子弟,锦衣美食,出入用汽车代步,神气非常漂亮;但他在学校里的功课,一塌糊涂,弄得教师们竟莫名其妙起来,迷信朋友,几乎疑心他祖上缺德。其实,这位少爷,并非他母亲所生,乃是装假肚皮装出来的,不知是那里来的野种,当然是邱料作,所以晓得他底细的人,背后就算他为程麻皮的房子。

某老绅士,是个有名人物,他常常出入交际场中,但他有一个恶劣脾气,他喜欢偷东西,宴会之时,他都要随便拿回去,拿叉、调羹、胡椒瓶、手巾、盆子等等,一样一样都会很敏捷的塞入怀中。人家即使发觉,也不敢声张。其实,这不是怪脾气,此老是他母亲奸了一个马夫生出来的,所以家庭虽好,料作很邱,因此人家在背后,也称他为程麻皮的房子。这位老绅士自己还没觉得。

一五一 翻底牌

翻底牌与摊王牌完全相反,摊王牌是摊自己的牌,翻底牌是翻他人之牌。摊王牌是把自己最硬黄的牌摊出来,而翻底牌,是自己一张顶鸭屎臭而不愿被人知道的牌,竟被人翻将出来,给谁都知道了。这是任何人都痛心疾首的,底牌被人翻出,就谁都不容易做人了。

有旧道德的人,往往隐恶扬善,不大肯去翻人家底牌,自己听到了什么,就此烂掉在肚子里,决不再宣布出来,但也有人专门喜欢翻人家底牌,四面去打听人家的出身,揭破人家黑幕,当做正经事情那么干。

社会上许多男男女女,像煞有介事的混来混去,自以为了不得。其实他们的底牌很多一塌糊涂,不翻则已,一翻可以惊人,虽然"英雄不论出身低",但除出身低微外,还有种种十恶不赦的底牌呢?

某名女人,人称交际花,出入于交际场中,自命不凡,但有一个某菜馆的西崽,与她同乡,从小二人就坐在门槛上一起玩的,其时摸摸小麻鸟,挖挖肚脐眼,也无所谓。现在女的成了女名人,男的做着西崽,女的对于男的,当然装做不认得,而男的未免不开心,于是告诉人家说:某名女人,小肚子上左面有一粒痣。这一个消息传播出来,大家便以为某西崽与某名女人有什么秘密,因此,另外有人就拿小肚子上一粒痣来做底牌,向人乱翻,这女名人就大发猴极,因为这小肚子上一粒痣是事实,而且与某名女人有过关系的人物,都心里明白。这张底牌,翻得她毫无办法。

一五二 急 棍

急棍者,厉害也,棍子打在身上,已经相当厉害,何况是连一接二的急棍,自然更了不得。急棍普通作结棍,但应作急棍,而结棍又可作结实解。亦称"杀扒",杀了还可以扒起来。

赵老大在茶会上,与一班老弟兄们吃斗,后来被他们十几个人,一顿生活,打得非常急棍。钱阿二喊了一个白相人嫂嫂,被他丈夫邀了几十个弟兄来,把钱阿二捉到了,在地上掼风菱,钱阿二吃了十几只风菱,连伤膏药都弗贴一张,身体总算急棍的。

孙老三升了梢,有一天,在馆子里请一班老弟兄吃酒,一桌菜,双鱼翅,双蹄膀,吃得大家都很高兴,说道:"迭桌菜交关结棍,孙老三吃价的。"李四家住在龙华,天天跑到杨树浦厂里去做工,不趁电车,他是步行的,晚上还得跑回去,一来一回,不论风雨,他走来走去,几十里路,蛮急棍的。周老五专门在女人地界搅七拈三,姘头有七八个,而且天天都要去挂号的。周老五每天坐了一辆三轮车去一家一家的跑,一到就干公事,斡完公事,女人要留他喝一杯茶,吸一支烟,他连连摇头,推说没有工夫,马上跳上三轮车,又到第二家姘头家里去了。朋友们都说:"周老五简直像送牛奶,把牛奶送到,片刻不留的;但是一天要送掉许多牛奶,身体实在很急棍"。何六妹身体魁梧,精神饱满,今年只有廿八岁,已经死了五个丈夫,身体着实结棍,可怜这五个丈夫,都给她当点心吃了。

一五三 | 拉台子

中国的社会,到底是繁华了。从前白相人相打相骂,由中间人出来调解,在茶馆里吃讲茶,结果,把两造的茶,由中间人互相倒一倒,使各人茶杯中的茶和,就此和好。这叫"吃讲茶",由败者惠茶钱,后来进步了,茶馆改为酒店,大家去吃一杯酒,叫做"红红面孔",由败者付酒钱,也可以和解了。近年来规模更大,非到菜馆里去请几桌酒不可了,这叫做拉台子,如请四桌酒,叫做拉四只台子,余可类推。昔日里还有败者一方面,须罚清普一堂,其实只唱四句,叫做"四句头";但日下考究实际,这种虚花头,已经废除了,还有点蜡烛的典礼,现在也没有了。

茶馆里的桌子,不是变什么魔术,可以从墙头里无中生有的拉出来,什么不叫摆席拉台子呢?须知虽称拉台子,其实拉的不是台子,而是拉吃客,譬如拉四只台子,乃拉满四只台子的客人也。败者愿罚四桌酒的话,中间人也得去拉几位有面子的人物来,到到场,证明两造已归和好,以后不得再伤和气。如果虽请了四桌酒,万一到者寥寥,这件事情,也很失面子,所以中间人必须拉满四桌吃客,才能把这件事圆满解决,因此注重在这拉字上,便称为拉台子了。吃白食的人,上海滩上,要多少,有多少,但要几个有面子的人到席,就非拉不可了。现在物价昂贵,生活尚且困难,拉台子真不是容易的事。然在甲乙两方化干戈为玉帛的时候,忽然吃客中,丙丁二人,一言不合,借酒泄愤,闹出第二纠纷来,再经人调解,而明天再拉台子,也很可能,所以虽在物价飞涨之际拉台子还是生生不已。

一五四　失　风

凡石灰等的东西,如果落了潮,便失其效用,这叫做失风,做恶事的人,都要布置得很周密,使事后无人会知道什么人所干,如果一有疏忽,被人发觉线索,看出破绽,以致破案,这就叫做失风。假使做贼做强盗,不在事后失败而当场被人抓住,这叫做阵上失风。他们放生意如临阵,所以称为阵上失风。

常言道:"若要人不知,除非己莫为"。近代侦探技术高明,什么案子都会破案的。譬如去年日本东京轰动全世界的帝国银行大毒杀案,当初不过一个单身男子冒充卫生机关派来,要他们全体吃防疫药水,吃了之后,当场毙命者十二人,半死者四人,凶汉便夺取现金而去,但警察方面,因毫无线索,实在不易下手,动员了许多人,竟毫无眉目;不意耽搁了七八个月,才把真犯人捉到。真犯人叫平泽贞通。在北海道被捕,此人竟是一个画家,他使用的毒药,是青酸钾,所以大家都以为犯人一定是精通药学的人,那里想得到会是画家呢?他失风的原因,因为事前,他在其他银行,也去尝试过,但都没成功。他留下一张"山口二郎"的名片,经印刷所说出犯人的面相来,才得到一些光明。可见恶事总是会失风,不过迟早不同而已。

小而言之:偶然和一个女朋友出游,在风景区合拍一张照片,事情也很平常;不料后来被这女朋友的丈夫发见了,就可以作为有力的证据,控告他妨害家庭之罪。所以我们一举一动,处处要留心,常常要注意,不要留什么痕迹,以致一朝失风那就糟了。

一五五 白　虎

左青龙，右白虎。青龙吉而白虎不吉，故出丧归来，必须兜青龙。而戏班中人，尤忌白虎。戏院的大门，不可开在白虎，戏台方向，亦不可用白虎。如果白虎门而白虎台，必定大不利。一个伶人，连唱几家戏院，都致关门而散，此人即被人指为白虎，以后人家都不敢去请他，请来必致不利。昔某舞台的大罗天中，有青龙白虎二星，一个被派做白虎星的某净，他误会了，以为管事先生与他有难过，便演成打管事的笑剧。可见他们对于白虎的深恶痛疾了。

骂女子为白虎，其实是一种生理上的病态，并无吉凶祸福的关系；但一般人说娶了她会倾家荡产。于是天下有许多生理上有这缺陷的女子，被丈夫厌恶，被婆婆咒骂，甚至要驱逐，因此而送命的，不知有多少？

日本在美术未发达的时候，为了一幅裸体画，竟大打官司，检察官说他秽亵，被告说是美术，而一位聪明的律师说：画上无毛，有毛才可称秽亵，无衣确是美术。于是这画家，就没有吃官司。欧美的女子半裸体跳舞，他们还认为有碍观瞻，造成人造白虎，就觉得美观，反而受人欢迎了。

外国与中国风俗不同，人家喜欢不毛，而中国偏说白虎，比祖坟上坏了风水，还要可怕，其实，与太监脸（即人生须的脸）的老头子，有何差异？为什么不称这些老头子为白虎呢？

一五六 | 浪点子

饱人以老拳,叫"浪点子";而挨打,又称"背皮郎头"。他动与被动,文法上本来地位不同,自然名称亦异了。皮郎头代表拳头,倒也相配,不过以点子形容拳头,未免太轻描淡写了。昔有一老灯谜,谜面是"清明时节雨纷纷",射招牌,谜底是"满汉细点",把雨纷纷来射细点,真恰到好处,而以点子来代表拳头,实在太把他小看了。几何学上,点线面体,点是小到不能再小的东西,如何可以形容打人的拳头?即便要用"点"字,也应该来一句时髦话,称为"重点配给",才来得相符。"浪"字,我也不晓得该怎么写?姑且拿风浪的浪字来借用,算是浪费之意。本来打人,完全是浪费气力而已。

不过点子,指多数打一个人而言,拳头雨点那么下来,才称点子,一个不动手,就不能这么称谓。至于被动方面,背皮郎头,倒是少数多数,都可以用得。亦有称"排皮郎头",这是专门指多数人了,如排三和土那么排一排,这顿生活,是相当急棍的。

白相人对于点子,对于皮郎头,决不恐惧,反而欢迎。因为吃生活,就是本钱。他们常说:"小身体弗是租来的"!这句话,非常弹硬。为什么吃生活,就是本钱呢?一个初出道的白相人,他必须用他的身体来苦干,向赌场里戏院里去乱搅,于是从他们一顿痛打,打得半死,他才有生机,此时由第三者出来调解,谈定每月给他俸禄吃,成了一个薪水阶级了。如果身体搭浆,打得一命呜呼,也就□了。打得半死,才可以造成这个资格。他们常有一句吃门的话,叫"小身体斋斋侬",这何等的硬黄!

一五七 搭 浆

常言道:"搭搭浆,插插香",都是不负责任而敷衍的意思。香炉里插香,插了进去,就算数,不管他倒不倒,旺不旺。搭浆就是搭浆糊,很不牢靠的。一件事件做得牢靠,必须敲钉转脚;但马虎的人,那里肯这么干?只肯拿浆糊来聊以塞责,自然靠不住了。

从前东洋货的玩具,在店里买了之后,还没拿到家中,在半途上,已经坏了,这因为都是用胶水粘起来,倘使用浆糊涂的,当然更不能用。

搭浆即涂浆糊,搭浆二字,是形容词,凡属薄弱贫弱等等,都可以称之为搭浆。

小王面孔生得漂亮,而身体交关搭浆,在十六岁的时候,给一个和调女子吃童子鸡,又把他"养小鬼"养了三年,到他十九岁的时候,面黄肌瘦,弯腰曲背,脚酸膀痛,俨然一个速成老人,实在身体太搭浆了。到他廿五岁的秋天,鞠躬尽瘁,到阴间去做风流鬼了。

官场中人做事,个个都是搭浆,表面上说得天花乱坠,骨子里自己先捞横荡,捞饱了之后,对老百姓完全敷衍搭浆。如有人去托他什么事,他往往一口应承,其实都是搭浆,一转身就忘了。所以一代做官七代穷,他们的子孙,也都很搭浆的。

搭浆亦称"搭浆戏",言其并不一本正经,如同台做戏,其实台上做戏,卖力的人,也很卖力,要老板的包银七折八扣的时候,他们在台上来一个阴阳怪气,那才真是搭浆戏呢!

一五八 鸭屎臭

动物的屎,除了俗语所谓"自己不觉臭"之外,总是臭的。未必鸭屎比牛羊鸡鸭的屎来得更臭,也未必鸭屎比其他动物的屎臭得异乎寻常。食物经过了肠胃而由后门排泄出来,竟非臭不可。因为经过胃肠中的化学作用,那米田共已是渣滓废物。而且胃肠内有相当高的热度,什么东西都腐败了,当然一定会臭。即使不经胃肠,我们把食物倒在泔脚钵内,经过了若干时候,也会腐败而发臭的。

所以屎的臭,是天经地义,天下无不臭之屎,也没有某种动物能够排泄香屎。猪狗们虽然会在路上吃屎,而他们的嗅觉,是很不可靠的。常言道:"喻鼻头的猪狗,不得知香臭"。就可以知道它们对于香臭,是完全办不出的了。

鸭屎臭是一个形容词,并不形容鸭屎,亦不形容臭味,而是形容人的一种言语行为。凡是以供人看不起而又可笑的,都可以称得鸭屎臭,试举一例:

教育家沈某,在日本某温泉旅馆,他正在浴池内洗浴的时候,忽然有五六个下女,也裸体入池来洗浴了。沈先生一见之下,混身麻木,局部兴奋,他竟站不起来了,宛如瘫痪,只管浸在水中,下女们笑他,他更窘得脸上发红,岂不大大的鸭屎臭!

一五九 海 外

夸口说大话,叫"吹牛",但牛虽大,而吹牛的力量,至多把一头牛吹到两头牛那么大小,再要吹得大,这牛皮一定会破裂,所以吹得更大的话,就不称吹牛,叫做海外。洋海江河,海虽大于江河,而海之外为洋,洋最大,大到不见前面的船只。前面开来的船,先见他的帆樯,最后方见船身,这可以证明地球是圆的,洋之伟大,于此可见。海外即洋,亦称海外奇谈。因为海外之事,一般望洋兴叹的人,都不能亲眼目睹,只好听人家讲山海经那么讲讲,所以称做海外奇谈,谈出来,都是很奇怪的。三笑里祝枝山说大话,他说自己家住苏州,而后门开在昆山,这不是大话,也是海外,决不会有这种事实的。珍珠塔里的陈御史太太,在做寿的一天说大话,说她母家河南方府,宅子大得可以,前门的门公生了一个孩子,后门的门公去吃剃头酒,骑了驴子在备弄内走到前门,不料这小宝宝已经三岁了,这也是豁边的大话,只好算他海外。

有人说:吃到一个大馒头,吃得把身体都钻了进去,又吃了一个月,还吃不到馅,但吃到一块石碑,上书"离糖三十里",这也是海外,有人问他:这馒头,用怎样大的蒸笼蒸的?他就回答不出了。

如交际花,常说她有十几个过房爷,个个都是有钱人,现在她们都逃到香港去了,她们在上海的花园洋房,都空着,要我去住,我实在分身不开,住了一家,还有几家一定会生气,所以我至今没有搬。据说这位交际花,住在搁楼上,这些话完全是海外。

一六〇 犹 太

耶稣的同乡犹太人,个个刮皮,人人吝啬,他们有一种天才,弄起钱来,不顾一切,拼命的干,竟很容易发财。犹太虽然亡了国,他们的天才,依然发挥在全世界,他们也用不着什么国,他们自有他们的立身之道。世界上最富的美国,那些大实业家什么大王等等,都是些犹太人,所以全世界的经济权,早把握在犹太人手中了。现在苏联政治舞台上几个重要份子,又都是犹太人,犹太人握到了全世界的经济权以后,又要握全世界的政治权了。

现在我们用这犹太二字,是形容词,凡一个人视钱如命而只知刮进的,都称犹太。有的还冠以姓,如张犹太王犹太之类,最近犹太复国,称为以色列国,所以有些人对于犹太作风的人,亦称以色列留学生了。试举两个犹太代表:

在煤荒的时候,大家冬天用不起火炉,一个犹太人对人说:我只消用一根柴爿,就可以过一冬了。人家听了,当然莫名其妙,他再加以说明,说道:我连火炉也用不着,先将柴爿由楼上掷到楼下。然后自己下楼去拾柴爿,拾到楼上,再掷下来,这样接连行数百遍,就浑身出汗了。

四个结拜兄弟,他们约定:四人当中,那一个人先死了,其他三人,应当各人放二百元在死者的棺材内,作为弔礼。后来果然其中的老大死,于是老二就拿二百元钞票,放在他的棺材内,老三一见,马上写一张二百元的支票,放在他的棺材内,老四是个犹太人,他见老三用支票,他也用支票了,他写一张四百元的支票,放入棺中,然后把老三的一张支票,他纳入自己怀中了。

一六一　揩　油

弹词描金凤中的汪二朝奉,他每天看见火腿担挑过,他必定要叫他停下担来,手拿一块熟火腿,问他价钱,右手放下来,左手再拿第二块问价钱,问完之后,他一点也不买,就此进去了。两只手上,全是火腿上的油,于是他舐舐右手,说道:这火腿每两要五十六,东西很好。再舐舐左手,说道:这每两要四十二,滋味好。他专门揩人家的油。他每天吃饭,小菜只有些乳腐,但他吃完了饭,每天拿一块猪肉,在嘴唇上揩揩,人家如果问他今天什么小菜?他就指指嘴唇说道:今天吃荤。所以揩油的老祖宗,实在是这位汪二朝奉。在有油的东西上(如肉)揩些油,自己虽略为沾光些,而于肉的本身,并无损害,皮肉骨头,一些也不会损失的。这是揩油的真义,不过到了近代,揩油二字,性质有些变了。凡是在机关里做事的那些家伙,他们只要有什么东西,经过他的手,他就拿一点入私囊,或者全部带到家里去,老婆问他:这是那里来的?他不慌不忙的说:这是揩油来的。其实什么揩油,简直是偷,不过偷字太难听,所以美其名曰揩油。常言道:"做贼偷葱起",那些贪官污吏,便是从揩油开始的。一个规矩的公务人员,至少要把机关的信封信笺,揩这么一二叠回去。一个生意已经歇掉三四年的公务人员,家里还拿得出机关里的信封信笺的,很多很多!中国人做了贼而自己尚不明白做贼,这就是因为不称偷而称揩油的缘故。被揩油二字掩饰着,便恬不知耻的只管揩油,他还以为揩油是正当的应该的。

一六二 白相人嫂嫂

白相人的老婆，不称太太，都称嫂嫂。其实就是女白相人；但女白相人中，没有白相人小姐，只有白相人嫂嫂。因为小姐到底太嫩，即使爷开浴堂，娘做产婆，看见过许多大家伙，然而小姐到底小姐，必定要嫁了之后，才老得出来，所以连白相人妹妹，都没有这句话的。

白相人嫂嫂，虽然是个名词；在上海人的俗语中，乃是一个形容词，不过指那些有几分流气的女人，有些像白相人嫂嫂罢了，并非说她就是白相人嫂嫂。

阿棠的老婆，蛮而无礼，阿棠又是个怕老婆的东西，无法管她，她一天到晚，与邻居人家寻相骂，而且头脑不清，事理不明，专门搅七拈三，在弄内骂太平山门，邻居们见她不可理谕，便称她像白相人嫂嫂。她也就隐隐地以白相嫂嫂自居。

交际花杨兰荷小姐，出入交际场中，虽然自己说在某中学读过书，其实开出口来，粗俗非凡，而且胸脯拍拍，姆指跷跷，眉毛挺挺，处处与人吃斗，碰碰不肯让人，说她十三点，倒也不像，于是人家在背后都说她阿像白相人嫂嫂。

金牙子阿巧，她拜了几个过房娘，都是些剃头店里老板娘，柴爿店里老板娘，茶馆里老板娘之类，她自己喜欢与一班起码小伙子，混在一起，今天与张三要好，明天与李四不睦，一言不合，便邀了人到茶馆里去吃茶评理，有时打耳光，拉头发团，也很来得。她自以为是白相人嫂嫂，外面走得开，其实，不过靠过房娘替她出场罢了，而那些过房娘，又都是起码人。以前租界时期，上海白相人嫂嫂一流人物，很多很多，现在死了，敛迹的敛迹了，这是受时代的淘汰！

一六三 定头货

定头货有两种性质：一种是一个很耀武扬威的人，但遇到足以克制他的人，他就服服贴贴，响都不响，这就是碰着了定头货了。还有一种，是两个人棋逢敌手，旗鼓相当，一向可以吃得掉人，独有对于这对方，势均力敌，大家都无可奈何，这就是双方都遇到了定头货了。

有一出法国短剧，一个银行职员，为了要向经理之女求婚，赶到经理家中，被经理大骂一顿，几乎歇生意；不料经理家里的婢女，看上了这职员，要向他求爱，却被这职员一顿臭骂，而厨子又看上了婢女，要与她求婚，婢女气极，认为侮辱她，也把他训斥一番，厨子受了气，恰巧门外来一个乞丐，要求施舍，厨子的气，正没出处，便一齐向乞丐身上发泄，那乞丐受饱了气，只见街头一只狗，兀自对他汪汪汪的叫，他就举起手中的讨饭棒来打这狗，这剧中的职员，婢女，厨子，乞丐，狗，平日都很有他们力量，足以发泄；但一遇到定头货，就只好哑口无言了。这是一出循环性的定头货喜剧。

这种情形很多，譬如顾老大无恶不作，狠天狠地，谁都不怕，他可以独霸一方，什么人都要卖他的帐，不料后来地方上出了一个毛老三，有意要吃吃他，一拳头打得他贴起伤膏药来，他从此吃瘪，人家就说：顾老大遇到了定头货了。

至于后者，情形更多。譬如甲乙二人，一个凶，一个恶，你一拳来，我一脚去，大家遇到了定头货，谁都不能打倒谁，于是冤家只管结下去，可以成为七世冤家。只因双方都是定头货，谁都不肯退让一步的！

一六四 屎裤子

　　裤子,是不登大雅之堂的东西,何况是屎裤子?裆里有了屎,更见不得人了。但小孩子们穿开裆裤而用尿布的,裤子上偶然有些屎迹,则不在其内。

　　所以凡是干坏事而必须瞒着人的,叫做屎裤子。最多是那些富家子弟,他瞒着父母,在外面花天酒地,争风吃醋,甚至把父亲的银行存款也偷来用,母亲的首饰也偷去变卖,他只算在大学里读书,把老头子老太婆,骗得一些也不知道,以为他大学快要毕业了,其实他早已给校中开除,而在白相地界,倒已有小开的名气了。一朝与人闹翻,有的人晓得他是屎裤子,他做的事,家里的父母一点也不知道的,于是与他敌对的人,便托人向他父母去放龙,父母知道了,再一调查事实,果然不错,便把他锁在家中,不再放他出来胡闹了。

　　所以屎裤子虽然臭,不能见天日,只好自己识相,把裤子上的屎,暗暗洗去,万一被人把这屎裤子公开起来,那就完了。当一个公务人员,薪水非常的小,如果贪污的手段高明,当然大可以捞几个钱;但最好要捞了钱,一点也不给人家看得出,如果身上顿时换行头,出入汽车,造洋房,到乡下去买田,人家看在眼里,当然会发作,因为一个小公务人员,那里来的钱造洋房买汽车,这当然是屎裤子,只消有人告发而他没有背景的话,说不定这屎裤子会弄到枪毙。

一六五　老　枪

据说雅片烟枪，吸了数十年，其中老膏浓厚，吸一钱烟，可抵两钱之用，这称老枪，价值连城，雅片烟鬼爱如珍宝，比什么都可贵。

久病成医，久嫖成龟，所以吸了好几年雅片烟，肚子里，骨髓里，也都充满了老膏，这些人，也称老枪。听说老枪们死了，一个死尸，其价也甚昂，可以卖钱，人家收去，拿他的皮肉骨头，熬起膏来，利益很厚。

要怎样才有老枪的资格呢？从前必须要两手过膝，两耳垂肩，才够得上称老枪，这不是帝王之相，他腰弯了，背曲了，两手自然过，两肩高高耸起，两耳自然垂肩了。照这资格，当然非吸十年八年不可；但民初禁烟以来，从民五六起，烟禁渐弛，而年轻人新入黑籍者，突然增多，所以在民十左右，就多了一班新老枪，当时有人替他题个雅号，叫"民国老枪"，意思就是说他们虽然老枪，到底非前清之物，终究是新货。

从前在马路上，手提考篮喊收笼头渣的，乃正途出身的老枪。而现在黄昏时，在弄堂内，拿隔夜报纸当号外喊卖的，那是现代老枪。

我们不要看不起老枪。老枪们横在烟铺上，转出来的念头，比诸葛亮都厉害；不过他们这资格，也全是倾家荡产去换来的，资本下得很大。

一六六 | 捞横荡

推牌九时，单押天门或上门或下门一门者，称"孤注"，而并押上门下门两门的，叫做横荡。设甲押横荡而乙欲押天门，乙认为天门有利，但自己钱又不够，于是把甲押横荡的钱，移到天门来押，这样一来，乙押乙的天门，事实上甲乙还是当横荡算的。如果牌翻过来，果然天门有利，而上下门都失败，那末，甲是输定了，庄家配了天门，乙非但赢钱，而且他本来两手空空，现在连本钱也捞回来了。捞横荡一语，就发源于此。这是他自己没有本钱，白白捞来的。

我们平日所说的捞横荡，并非指赌博而言。设如张三托李四把一笔钱交与王五，而李四将其一部或全部，自己用掉而并不交与王五，这就是捞横荡。在没有收条的社会里，这捞横荡的事，相当发达。在贪官污吏密布的今日，这捞横荡一事，也自然而然的会产生。那些贪官污吏，虽然不顾面子而死要钱，但他们还要思前想后，不敢与当事人直接接受，或亲口讨价还价，必须要有一个中间人，就容易得多，由中间人去讨价还价，并且由中间人传递金钱，不但可以毫无破绽，即使一朝赤老绷，也可以推在中间人身上，自己推说完全不知道，这事件便不会弄僵了。然而那中间人到底不是阿木林，他为什么高兴去做"填刀头"的事呢？自然他也有他的算盘。这贿赂的玩意，是没有收据的，所以他收到了五十万，只送去三十万，自己捞二十万横荡，已经是很公道的了，如果事情已经办好，他全部捞横荡，人家也奈何他不得啊！

一六七 | 脚踫脚

脚碰脚乃"自家人"之意,凡表示亲密的友谊而自以为同党者,称脚碰脚。此语发源在碰和叉麻将,凡三人抬一人之轿,技术不高明者,台面上无法掉枪花,只好台底下用两只脚来做暗号,碰碰上家之脚,做过暗号,告诉他我要什么牌,这当然有各种碰法,可以使上家明瞭我的意思,这三个人为一党,算是自家人,所以叫做脚碰脚。男女二人同床,如果男东女西而两头困,这就不是脚碰脚,因为我的脚,碰不到她的脚,就难以表示亲密,必须头碰头而脚碰脚,才可以称得亲密,才可以称得上自家人,称得上要好。

小菜场上,豆腐摊上老板,要向牛肉摊上买一斤牛肉,那牛肉摊老板,特别克己,价钱只有打八折光景,说道:"脚碰脚的生意,便宜些好了。"明天牛肉摊上老板,要买豆腐吃,那豆腐老板,也卖得非常便宜,说道:"大家自家人,脚碰脚生意,随随便便罢。"因为他们双方,都在一个小菜场摆摊,当然如自家人一般,可以称得脚碰脚了。

从这个意味上,推广出去,那些商店伙计,有时见了那些面熟陌生的顾客,便大献殷勤,说道:"大家都是自家人,脚碰脚生意,当当差罢"!这是伙计故意拍顾客马屁,表示尊敬她为老门槛,老内行,而顾客突然给他来一个脚碰脚的麻醉,倒有些受宠若惊,便欣欣然的回去了。其实,说不定被那伙计横也脚碰脚,竖也自家人,弄得他高高兴兴,以为揭了便宜货,到家里细细一算,才知道并没有便宜,不过精神上麻醉一番罢了。

一六八 | 吊膀子

凡男子用种种方法,想接近某一女子,称吊膀子。后来女子想勾引男子,亦称吊膀子。本来上海一带的人,称男子向女子去接近,叫做发厌,这吊膀子三字,不是南方话,乃北方语。我们称两臂为臂膊,北方人才称膀子,然北方无吊膀子一语,吊膀子的古典,却产生在南方。

在前清,武生们练习攀弓射箭,先在梁上垂下,两根绳子来,绳子下面系一石鼓墩。这石鼓墩,当然很重,那练习的人,老师教他用两手将两根绳子向左右拉开,以练习手劲。到此人可以自由将绳子拉开后,然后把身体站在石鼓墩上,加重了斤两,再去拉绳。教师大半是北方人,天天叫他们练习膀子,而南方人见石鼓墩吊在梁上而练习膀子,便都称为吊膀子了。

那末,男子要去接近一个女性,与攀弓射箭,有什么关系?为什么可以借用呢?据说:吊膀子乃练工夫之意,男性要向女性求爱,在昔日里相当困难,必须要把工夫放上去,年深月久之后,才能成功,常言道:"若要工夫深,铁杵磨成针",所以一个男子对一个女子下了工夫去追求,也叫吊膀子。工夫到了,自会成功。

吊膀子有人译作"钓蚌珠",倒也很有意思,但钓钩要粗,钓丝要牢,因为钓钩上的饵,必须要用洋房汽车等物,她们才肯上钩。

一六九 锡箔灰

制造锡箔的人,把锡来冒充银子,去欺骗赤老,他的罪恶,正和印刷冥票的人相同,无准备无限制的使冥府通货膨胀,当然也是罪大恶极;不过这两种人,都是绝顶聪明,他们见锡箔和冥票,一批一批焚化下去,阴间从来没有把收条送来,可见鬼没有的,或者是锡箔与冥票,阴间完全不能通用的,他们已经明白自己不是欺骗赤老,竟是欺骗活人,好在活人们不觉悟,以为锡箔等物祖宗大有用处,还要大烧特烧,自然制造者,落得大制特制了。

锡箔与冥钞比,还是锡箔有些实际,冥钞焚化,即成纸灰,但锡箔烧了,虽也成灰,而其中的锡,根据物质不灭的原理,还存在于灰中,所以这锡箔灰可以卖钱。在锡箔灰中,还可以提取锡质出来,和尚道士坟客等人,见人家把锡箔烧给祖宗,好在有去无来,毫无对证,那剩下来的锡箔灰,活人也无用处,死者更拿不动,于是他们第三者便拿去卖钱,做他们一种收入。所以凡一个人在人家双方的接触中,他在里头赚钱,叫做捞锡箔灰。

捞锡箔灰与捞横荡不同,捞横荡则甲乙两方,还有些责任权利,而捞锡箔灰,则甲乙双方可称毫无关系,他可以畅所欲为,一方面是一声不响的赤老,一方面虽是活人,他只把锡箔化掉,对于灰,认为已是应当抛弃的垃圾,所以也漠不关心了。

一七〇　滑　脚

地板上涂了蜡而跳舞,还不是滑脚。脚上穿了跑冰鞋而跑冰,也不是滑脚。溜之大吉,叫做滑脚。飞机虽然可以在天上飞翔,但是其最初在地上起飞时,不能一飞冲天,必须先在飞机上滑走若干时间,飞机下面,有两个轮,就是供这滑走之用的,要滑了一回,才能离地飞起,所以现在的大亨们都是乘机溜去。

一个人在外面混,必须识相,切不可勒杀吊死,抱牢了一只饭碗,捧牢了一个位子,不要看得太重而恋恋不舍,到一朝事情弄僵,只要用快刀斩乱麻的方法,一溜了事,把脚底给人家看。如果还要想不放手,必致后来弄到溜不掉,闹出大乱子来。

唱戏的角儿,在小码头上,见老板发不出包银,而老板因生意不佳,要角儿帮忙,如此下去,非但天天白唱,如果要走,必须被前台扣留行头,所以只要滑脚,但滑脚要早早预备。前几天,先把寄存在后台的东西,陆陆续续,一样一样,不知不觉的运去,只留几件不中用的东西,天天照常唱戏,先叫伙计买好了火车票或轮船票,到出发的一刹那,这角儿才一跳登车(舟),等到老板发觉,已经没有办法了。姨太太得到了一个小白脸,二人想做长久夫妻,便预定滑脚之计,第一,先把金钱首饰细软等等,聚在一起,第二,要看机会,如果老头子要出门旅行,那当然是最好的机会,否则,也可以拣一个老头子要长时间外出的机会,他们就带了东西,双双远走高飞,等到老头子回来,见人财两失,虽然马上去报警,但时间耽搁已久,车站上码头上,已无法捉人了。(附告)蒋锦祥君鉴:"卖样三千"一语,已排在第一九四图。

一七一 小房子

妓院中的走私机关，叫做小房子。妓院是公开的营业场所，她们对于出出进进的男性，都有一定章程，谁都不能在这地方私卖或义务请客或全部做赠品，所以起初是老鸨和大姐们，轧了姘头，便去租一所小房子，到晚间停市以后，两个人就到小房子里去窝心，后来身体自由的妓女，也和小白脸去租小房子而去养小鬼。

妓院专对洋盘做生意，小房子则为自己寻乐而设。小房子盛行以后，凡一对不正式的男女（女方不一定是妓院中人），要一个幽会之所，也去租小房子了，甚至丈夫瞒着妻子在外面纳妾，也用小房子的办法了。所以虽称小房子，而房子不一定很小，要看那屋中女主人的地位，女主人如果是明媒正娶的太太，那末，就是住在三层阁上，也称大房子。女主人而是姘头搭角小老婆，含有不光明正大的性质，那么虽然是高厅大厦，也只好称小房子。

小房子要有小房子的设备，至少须有床铺马桶洋风炉等，相当复杂。后来流行了在旅馆中开房间，这小房子就落伍了。开房间的话，一切设备，不必费心，而经费又不必整月的要开支，只要兴之所至，两个人去开房间，每月假定开十次，也只消化十天的费用，似乎简便得多，现在有了公寓，对于此道，更为便利了。

在敌伪时期，上海日本人的机关中，那些重要人物，他们都在旅馆或公寓中，开一长房间，晚间专门在那边与人接洽贿赂等事，凡日间在机关内不便谈的，都在那边进行，其实，这也是小房子性质。

一七二 寿星寡老

凡女人被称为寡老的时候,都是年轻时代,决不会见了一个老太婆,说道:"迭只老寡老,头发雪白,牙子一只匣吭没,倒蛮好看格!"未出嫁的小姐们,处女美正在发挥的时候,当然最为美丽,最有被称为寡老的资格,到出嫁后,那些闺中少妇,正是女子的全盛时代,自然多数被称为寡老的,都是这些人,而这些人中,也往往很多实际已为少妇,而表面上还是自称小姐的。到了三十多岁,徐娘半老,狼虎之年,风骚特甚,这些蟹型人物,也很有吸引之力,这一类寡老,自也有一班识货之人,去赏识她们。到再过几年,风头稍退,面孔上的皱纹,与日俱增,别说用熨斗也烫不平,就是天天嵌水门汀,也无法维持了,这样的姿态,她的一颦一笑,非但不见其美,反而容易令人倒胃口,这就是所谓寿星寡老了。虽称她寡老,其实已踏进"好婆"之门,所以只好在寡老二字上面,加以寿星二字,替她做一个商标。这种寿星寡老,如果手里有钱,可以发得出工钿,当然也找得到相当的男性,这是有钱者出钱,有力者出力,谈不到为爱情而爱情了,因此这种拿工钿朋友,在外面私做小货,也是常事。

所以一个女子,她们最怕是头发一根一根的白起来,每天梳头时,发现白发,一定要把她逐根拔去的。牙子如有脱落,那末,立刻去请教牙医生,这倒不成问题。最难对付,是面孔上的皱纹,这东西最为惹气,脸上没有皱纹时,宜嗔宜喜,都有风头,一朝脸上有了皱纹,这就是十足的寿星寡老了,她若对人做媚眼,反而会越做越丑,使人隔夜饭都会呕出来。

一七三 先　生

中国人称先生,花样太多了。"有酒食,先生馔,"这先生是指父母而言。其他第一是称老师,老夫子,都叫先生。还有职业上称先生,如郎中先生,算命先生,测字先生之类。更有一种普通称呼,凡对男性,无论何人,都可以叫先生。至于对女子称先生,只有长三堂子的妓女有此称呼,这因为长三由女说书变相而来,故至今仍称先生,盖四五十年,乃说书先生也。

现在所谈的先生,都不是上面那些先生,乃女人称自己丈夫,也叫先生。这称呼,流行得也不久。有人说:此乃创于宁波人。上海多宁波人,大家都是张先生张师母王先生王师母的乱叫。如果赶到张先生家里,见了张师母,就问张先生可在家?张师母往往回答道:"我们先生出去了。"这就是上海人把丈夫称为先生的最初。

我觉得称丈夫为先生,虽历史很短,而由来则甚久。孟子上的"毋违夫子",夫子当然就是先生了,我们看到蝴蝶梦,见田氏对于庄子,口口声声叫"先生"。我以为田氏倒是称丈夫为先生的第一人,其他戏剧中,实在少有,田氏如此提倡,而大劈棺又很流行,自然"先生"一语,成为丈夫的代名词了。现在不但女人自己称丈夫曰先生,对人亦然,而人家也会这么称呼,譬如说:"周师母的先生,是做保险生意的",可见当面背后,第二人称,都可以把丈夫称为先生了。

先生的用途既很复杂,如果到一家人家去,见一男性正与女主人谈话,疑是她请的医生或家庭教师,切不可问"这可是你的先生?"应当问:"这可是你们请的先生",才没语病。

一七四 带 歪

造中国的房子,先要把梁与柱,搭成一个架子,然后再四面把墙壁砌上。如果将来年深月久之后,这几根柱子中,有一根烂了这房屋就会向一面倾侧,虽然其他的柱子根根都很好,然而也会被这一根烂柱累及,这就叫做带歪。洋房就没有带歪的危险,四面全用砖头,从地上砌到上边,一根柱子也不用,因此无牵动全体之虞。

所以一个人好好的做事,而被他的助手或搭档或下属弄糟,就叫做带歪。例如三四十年前上海的戏馆,添聘京角登台,不过只请主角,老生,花旦,武生。有时再同时请一位花脸。请老旦小丑,是仅有绝无的事。后来那些京角,都以为上海班底不佳,配戏时,容易给配角们带歪,觉得非常吃亏,所以后来名角南来,他的重要配角,生旦净末丑,都一齐带来,有的连场面也自己带来,原因就是怕带歪,自己带来的人,到底可靠,决不会把他的戏弄糟。

官场如戏场,做官的上任,往往也带班底;但那些班底,往往都是裙带之亲,或三爷(少爷姑爷侄少爷)之流,他们本来是外行,不过来混碗饭吃吃,于是通同作弊,表现贪官污吏的话剧,弄到东窗事发,这位官儿,就此带歪,去吃官司。他如果本来是贪官,那倒不要说起,假使他想做清官而被自己部下弄得一团糟,这真是带歪。两个做地下工作的要好朋友,平日也很义气,不料其中的甲,被日本宪兵队捉了去,有时上电刑,有时请吃大菜,弄得他精神糊涂,身体疲劳,便把一切事实供了出来,连乙的地址老实供了,于是乙也被捕,乙本来很安全,完全被甲带连歪的,然甲也并无恶意,不过意志不坚罢了,所以与人合作,第一要防会不会带歪。

一七五 卵子劲

一个人在平常日子，似乎平凡得很，看不出他有什么力量，但一朝到了有事之秋，他竟会发甲，非常弹硬，放出他平日潜伏着的一股力量来，这就叫做"卵子劲"。

陆阿狗是个在小菜场摆摆牛肉摊的，而且人很瘦小，是个貌不惊人的小商人，而小菜场中摆摊的人，都得尊他一声陆爷叔，因为他虽然安分守己，做做牛肉生意，如果有人得罪了他，或是与他发生什么纠纷，他倒是有些卵子劲，他在两三点钟内，可以弄这么一二百人来，和对方打过明白的，他的卵子劲，着实厉害。

卵子劲不但限于男子，女性们也有她的卵子劲，大肚皮阿招，是开野鸡堂子的，她，手底下倒也有五六个讨人，每天晚上在马路上拉客，即使被调令看见，往往不会捉去，即使捉去，也不致罚钱，即使罚钱，也不会多。大家都说大肚皮阿招，着实有点卵子劲，其实揭破秘密，便可恍然大悟。阿招的姘头，也是做调令的。她的卵子劲，完全是借来用用罢了。

豪门的公子小姐，大做其违法的事情，凡政府所禁止的事，人家不敢做，他们都敢去做。他们的卵子劲，竟不可一世，因为他们注射着荷尔蒙，所以可以无敌于天下，决不会弄到卵子牵筋而偶然失败的。

一七六 老 举

老举与第七十四图的"老举三",绝对不同。老举三指难以直呼其名的东西,老举是指门槛全精的人物。凡一个人对于某一类的事,或某某等数种事情,都很熟悉。而对于此道,不致被人称外行洋盘屈死,亦不致受人欺骗而上当的,都叫老举。

马路旁边那些专骗乡下人滑头赌博,如果有不三不四的人,站在旁边观看,他们晓得是老举,就会来打照呼,请你走开。因为老举大半是看看手法,学学门槛,而人站得太多,易使警察注目,所以他们肯打照呼,请你帮帮忙,不要再看下去。有的老举,索性摸出一些钱来,押他一记,表示打一下小秋风,这一记,一定会赢,赢了钱,老举就走,这叫做"趁航船",如果不识相,勒杀吊死,再要赌下去,那就有吃生活之可能。

内河小轮船上,常有一班玩"倒脱靴"的仁兄,一党约有五六人,假装不识相的乘客,开船后,发起赌博,引诱小开阶级的人或是诚实商人入局,这一下,必定要把这洋盘输得干干净净,出入相当的浩大。他们在开始之时,先在船中细细观察,见有那些老出门老江湖之类,晓得他们是老举,就要先打照呼,送些点心过去请请客,铺一铺平,才敢动手;万一被老举破坏起来,这一次的生意,就要失败了。老举的资格,当然要到各处去混,混了几年,自然会有这阅历,人家便尊他为老举了。在未成老举之前,不妨先做起"假老鸢"来,对于无论什么事,都说得头头是道,其实,全本丹佬,但一班屈死,都当你是老举,对你会有三分敬意,于是你趁着这一点根基,再修炼起来,向各方面虚心学习,混这么几年,自然而然的会成货真价实的老举了。

一七七 吃得光

吃得光,系抽象话,并非三碗六钵头的饭,能够一起吃光,或者一桌酒菜,可以吃得碗盏只只向天。吃得光不一定指吃东西,无论对于人,对于事,只消对付得下,便称吃得光,如果对付不下,那就是吃不光。

黄天霸独自一人上山,对付窦尔墩全山的人,竟不慌不忙,而且仍旧可以安然下山,这就是黄天霸吃得光窦尔墩,反过来说:窦尔墩山上,有许多英雄好汉,对于这独自上山的黄天霸,竟奈何他不得,这就是窦尔墩吃不光黄天霸。

顾老大与王阿巧的结合,大家都说:顾老大吃弗光阿巧的。因为阿巧身坯又高又大,粗脚大手,而顾老大是个矮小身材,面孔瘦得如老枪一般,所以人家都预料二人结婚,不到三年,顾老大一定会送命;不料顾王结婚之后,阿巧对于老大,服服贴贴,于老大的健康,并没有什么损害,于是大家都说道:想不到顾老大竟会吃得光这一只雌老虎。

票友张先生,唱几声,总算还不讨厌,有一天,在某处串戏,他勒杀吊死要唱全本四郎探母。票友们的嗓子,不是天天在那里使用的,到底没有长劲,坐宫唱下来,已经上气不接下气,到出关时,他嗓子犯关,见娘的时候,连吃奶奶气力也用完,恨不能向佘太君再吃一口奶奶接接力,到见四夫人时,早已有气无力,他回到后台,说"回令不唱了,我吃不消了,"其实,他只能唱一场坐宫,硬要唱全本,他是吃不光的。

周老二是在弄堂里收买售货的,他现在发了财了,自称做古董生意出身,他投资在工商界很多,他还做了好几处的理事长,他每逢开会,一点不露马脚,倒也应付得很得法,谁看得出他是旧货鬼呢?都说亏他吃得光这些场面上的应酬。

一七八 夏侯惇

白相人地界,有什么纠纷,凡是面子上狠天狠地,弹眼落睛,拳头大,臂膊粗,神气非常吃斗,到真的与对方打起来的时候,他在人丛中拔脚就逃,这种人叫夏侯惇。

三国时代的夏侯惇,无论在正史上,或演义上,都是一位勇将。舞台上曹操升帐,如果帐下有四位或八位武将的话,都有这位夏侯惇将军在场,可见这位将军的身价了。为什么以一个临阵脱逃的白相人,比拟这位名将呢?俗语所谓夏侯惇,乃"向后退"也。

夏侯惇与滑脚,有些大同小异,滑脚乃一溜了事,夏侯惇是向后退却。昔齐庐之战,齐燮元的司令部,设在火车之中,这火车两头,都有机关车,两头可开,胜则前进,他见锋头不对,便开了后面龙头而退,这是正式的夏侯惇,非但武将们以夏侯惇将军为模范,而文官及豪门,也都崇拜夏侯惇,他们见局势不对,便一个个香港的香港,台湾的台湾,广州的广州,效学那北雁南飞。南京路上的小贩,摆着摊头,弄碗苦饭吃吃,他们也不明白这是犯法的,碰碰要被捉去,所以他们往往眼观四周,耳听八方,只要其中一人,见有调令码子远远而来,他们便一声照呼,一个个都提了东西,实行夏侯惇主义,向小弄内暂避锋头,到调令码子走过后,他们再慢慢的出来,重行摆摊。

一七九 | 填刀头

凡应当杀的人,可以逍遥法外,而把其他一人拿来吃官司,拿来正法,这叫做填刀头。刀是应当举起来砍头的,但头已逃走,不能空砍一下,所以必须去另外找一相当人物来,拿他的头,填在刀下,把他杀掉,便可以了结这桩案子,亦称"捉生替死"。

中国官场,近来贪污盛行,他们为什么胆子这么大?就是他们有恃无恐,晓得一朝事情穿绷,我靠自己的地位,自己的势力,自己的背景,仍旧可以做我的官,这桩案子,只消把几个有关系的小人物,捉去枪毙,以填刀头。

孔小姐大做其走私生意;但有一天,货色被扣,正在追究物主的时候,孔小姐早已运动好了,对她本身,可以不问,而经手替她做走狗的人,靠不牢她的牌头,到底枪毙了,这是近代填刀头历史上最显著的一页。

常言道:"天大官司,地大的银子"。就是犯了杀人放火的大罪,只要你有钱,很可以去买一个人来吃官司,甚至杀头充军,这是中国一向有的黑暗社会中的填刀头事实。

还有行刺暗杀等事,或是弄错了一个人,或者误中他人,弄到目的物脱逃,而殃及无辜,这也是被害之人倒霉,做了填刀头人物。

四姨太太偷了一个小白脸,老爷夫捉奸,小白脸逃入三姨太太房内。由三姨太太放走,老爷疑及三姨太太,在三姨太太房内大搜特搜,竟搜出一个和尚来,于是这和尚填刀头,当是四姨太太的姘头。其实,他却是三姨太太的情人,真正冤枉!

一八〇 伸梢

伸梢亦作升梢。凡穷变富曰伸梢,譬如种一竿竹,如果种得得法,这竹的梢,渐渐会伸长出来,或高升上去,但无论如何考究,即使叫一位农学博士来种,也决不能使这一竿竹,变成一棵乔木,竹还竹,不过他的梢伸出来了。所以一个穷光蛋,渐渐的手头宽裕了,行头也新了,朋友们背后就要说:阿大伸梢了。然而阿大还是阿大,并非已变为张三李四,不过穷光蛋变成一个活得落的人了,好比种竹,只能伸其梢,不能变其种也。所以阿大虽然伸梢,有时穿着毕挺西装,但开出口来,仍归碰碰"妈的皮"。

一位坐汽车朋友,家里住了花园洋房,分明是个富翁,有人到他家里,只见堂前虽然全是红木家俱,却没有一点书画,墙上只挂一张月份牌,于是人家就晓得此人胸无点墨,定是一个暴发户。不料有一天,来了一个穷朋友,要向他借钱,他非但不借,而且不见,这穷朋友便在门口大骂山门,说主人本来是擦皮鞋的,后来你家中留一个亲戚是个逃兵,在他家里生起病来,就此一命呜呼了。那逃兵的行李中,有许多条子,这笔财产,被他一人独吞,后来拿来做本钱,去做生意,就此大发其财的,所以他高声骂道:你伸了梢,忘了你擦皮鞋的时候,不常常问我讨香烟屁股吸么?

杠皮寡老,三月不见,忽然大大伸梢,穿起皮大衣,每天在书场听书,居然指上钻戒亮晶晶了,细细一打听,原来新近弄到一个户头,是外路来的军官,所以他早已忘掉陶公馆的时代,现在小姊妹们都羡慕他伸梢了。

一八　闲话一句

古人说话，非常郑重，所谓"言出如箭，不可乱发，一入人耳，九牛难拔。"不过到了后世，喜欢说话的人，废话就多了，于是弄到"十句九笃落，一句无着落"的光景，在社会上，谁的说话都没信用了。在这时候，我们人的说话，都称"闲话"了，闲话即空闲时无话可说，随便拿来放屁那么放的，从此以后，世上没有真的说话，无论何人何时何地，尽是些闲话了。

但在闲话充满的时代，如果有必要，要说出一句有价值的话来而使人相信，也很困难。因为人家仍旧当你是无稽之谈，谁都不会来听信你的，所以在这不得已的情形之下，而要说一句有信用的话而使人特别注意，那末，必须特别声明道："闲话一句"，表明这一句闲话，非同小可，异于其他一切闲话而为很特殊必须注意的一句话，就是在闲话之中，有相当信用的，虽称闲话，其实不是闲话，而是真的说话，只有一句，没有第二句的。

张阿六欠了人家一笔债，常常约三约四，债主大受其累，今天约了礼拜三下午三点钟，一定归还，但债主那里肯信，于是由二房东出来担保，说礼拜三下午，包在我身上，他不还，由我给你。债主就说："好，闲话一句"！他就走了。

金牙老二，要蜡烛小开兑一只钻戒，小开总是今天不空，明天头痛，一天一天敷衍下去，老二要朗声了，小开听不过，便说明天饭后，我们一同去买。老二见他说得坚决，便说道："闲话一句"！

洋泾浜图说

一八二 生意浪

在五年前普通的人,称妓院为"把势浪",按把势二字,颇为猥亵;但士大夫们都称之为把势浪,而女太太们,亦称之为把势浪,其后改称堂子,这把势浪三字,即无人道及了;但堂子二字,与把势浪一般,不过是局外人的称呼罢了,那些吃堂子饭的人,无论妓女大姐老鸨龟奴,都不肯直言堂子,叫做"生意浪",即公开营业之所,做生意的地方,生意浪乃生意上也。

生意浪一句话,虽然是她们吃堂子饭的人自己这么称呼,但后来那些久嫖成龟的朋友,也大学其乌龟腔,也称堂子为生意浪了,从此以后,社会上一般的人,也都称生意浪。

自从小房子盛行以来,生意浪一语,应用得更繁了,例如"常熟阿宝,她每天从小房子到生意浪,从生意浪到小房子,路蛮远格"。

"马路政客汪先生每天同着他的太太,在咖啡馆里坐坐,格位太太,神气虽然很大方,不过仔细留心她的言语举动,好像生意浪出身;但粗看是看弗出格"。可见一吃生意浪的饭,做了几年太太,总还带一些气味呢!

生意浪一语,现在虽已普遍,人人知道,个个能说,如果在三十年前,你若口中吐出"生意浪"三字来,男的,人家就会当你小乌龟,女的,人家就会当你吃堂子饭的。

当着妓女之面,称她为婊子,那比当着和尚叫贼秃,还要厉害,千万不可乱说。称为妓女,她们很窝心,其实从字面讲婊子二字,并没有什么坏处,但她们是犯忌的,若说"生意浪格",她们到也很满意的。

一八三 吞 头

吞头,犹神气也。但多指恶的神气或滑稽的神气而言,如果大大方方的态度,决不能称吞头,所以只有"迭副吞头,阿要贼腔?"断不会说:"迭副吞头,倒蛮漂亮个。"

爬牙子阿巧。每天出来到小菜场去买小菜,总要弄到十一点钟,蓬仔头发,拖仔鞋皮,身浪衣衫破得七穿八洞,也不补一补,嘴里衔仔一个香烟屁股,要呼到烧痛嘴唇皮,她才肯丢换,格副吞头,真像一只老枪。

××公司的总经理,虽然每天汽车出入,家里住了大洋房,如果他不开口,坐在那里摆摆炮,倒蛮登样格:不过到他一开口,同时大拇指就会一跷一跷,格副吞头,总归带着三分流气,弗像是生意人。

刘家嫂嫂结婚四月,已经养了一个儿子,她一天到晚,把儿子抱在手中,她常说:"说得出,做得出,养格儿子抱得出。没有丈夫养儿子,到底是私囝,我是结了婚生的,所以是当官的儿子"。因此,她每逢有丈夫的朋友,到她家里去找她丈夫,她总□袒着胸,拉出了一只又白又结实的奶奶,正在给小儿吃奶,真正像是老吃老做"。

顾师母在马路上行走,两只手的脉部向着前面,格副吞头,交关恶形恶状,有人说:这是扬帮野鸡的姿势,她丈夫屡次叫她不要这样,她总无法改善。

洋泾浜图说 | 183

一八四 赤老

赤老即鬼,不是穿赤色衣服的老头子,如圣诞老人之类。为什么鬼称赤老?试观画上的森罗殿,那些夜叉小鬼,都是赤裸裸的,只有腰间系一块兽皮,所以赤乃赤裸裸之赤,老字不过是语助词,如江北老、末老、寡老、黑老、削老之类。虽然鬼称赤老,而上海一向有的洋琴鬼水手鬼救火鬼等等称呼,依然称鬼,决没有人称为洋琴赤老水手赤老救火赤老等等,惟外国人向称洋鬼子,亦有人称为外国赤老者。

江邻几杂志载:"宋时都下鄙俗,目军人为赤老"。鹤林玉露载:"狄青自延安入枢府,迓者累日不至,因谩骂曰:迎一赤老,累日不来",狄青由卒伍起家,故以军人目之也。

上海人口中之赤老,并不指军人,但在敌伪时代,呼日本人为东洋赤老,则连日本兵也在其内,电车中卖票。常常通知说:"赤老来哉!"这指查票者而言,最初查票的多外国人,称赤老,则兼含有外国赤老之意,后来查票者多国货,但他们依然接替了赤老的雅号。

野鸡堂子里生意不好,每晚在门前烧些纸锭给赤老,于是赤老受了贿赂,可以去拉几个色鬼来。

小孩子发了三天寒热,他妈妈以为赤老作祟,要烧长锭给赤老,使他早日离开这里,开拔到别处去。

在赌场里出出进进的人,最相信赤老,赤老会托梦给他,使他大赢特赢,一朝失败了,便跳黄浦自杀,自己做了赤老,就有别人送长锭给他了。

一八五 吃冤家

吃人家的东西时，狼吞虎饮，恨不得要把主人的一家一当，都给我一口吞下去，当主人是冤家，把饮食当做报仇雪恨，这样的吃法，叫做吃冤家。

犹太小开在某某西菜馆结婚，他怕外国酒，价钱大，万一被客人一瓶一瓶的乱开，这笔帐是相当可观的，所以只限定用一种价钱很便宜的酒，于是贺客中有六七个小抖乱，表示不满，他们聚在一起，大喝其酒，喝到后来，桌子上独见摆满着空酒瓶，共有一百数十只之多，这六七个小抖乱，虽然个个都喝得酩酊大醉，而吃冤家的目的，是达到了。

乡下人家办喜事，那些来吃喜酒的人，个个都抱着吃冤家的精神，实行阖地光临，一家老小，来了七八个人，前三朝要吃到后三朝，吃了一星期回去，手中大包小包，还拿了许多，这都是当时吃不完的，打算回到家中，慢慢的去吃的，若非七世冤家，为什么要这样的狂吃呢？

主人请客，当然非常客气，举着杯子，只管向客人请请请的叫着，而客人必须慢吞吞不肯举箸，即使吃，亦不过吃一些些，这才叫做客人。如果客人个个眼睛像闪电，筷子像雨点，吃得碗盏只只向天，而旁边的下仆们，都在那里叹气，这种天吃星般的客人，也是吃冤家，连主妇心想可以留一只蹄膀下来晚上吃吃的，也化为乌有了，主妇不免要暗暗骂一声冤家。

一八六 调枪虾

调枪虾亦作调枪花,此语的出典在苏州,苏州人"虾"与"花"同音,故调枪虾与调枪花,说来完全一样,若为纯粹上海话,则虾字应读作"罕",决不会与花字通家了,苏州的酒店里熟客进去喝酒,只消向堂倌先打照呼,许他小帐重赏,或者索性先付小酒钱若干,于是堂倌特别殷勤,他可以给你吃到价廉物美的东西,譬如你吃一盆枪虾的话,等到算起帐来,只算你一盆发芽豆的钱,这样做去,老板并不损失,邻桌上吃一盆发芽豆的人,算起帐起,这发芽豆要算枪虾的价钱了,这就是调枪虾的典故。有的熟客不费半文钱,会多吃一盆白斩鸡,这全是小帐的功劳,这盆白斩鸡,不知是谁倒霉,堂倌大调枪虾,老吃客便吃运亨通。

所以凡移花接木的事情,都叫做调枪虾或调枪花,如果你乘公共车辆,付了钱买车票,你拿到票子一看,见票价比自己所付的钱来得大,你一定以为卖票人弄错了,但卖票人聪明透顶,那里弄错,到下车时,他会把你的票子收回,再去卖与别人,他就有了赚头了,这便是调枪花。

清晨,主人尚未起床,女仆在下面生煤球炉,忽然有人从后门进来,手里拿一封信,说送与你东家,要讨回音的,叫女仆送上楼去,女仆拿了信,送到楼上,主人躺在床上看信,见信上姓名不对,便对女仆说:不是这里,送错了,你快些下去,女仆急急拿了信下去时,送信人已不在,灶间里的铜吊热水瓶等等,都已给此人带去。这一封信完全是调枪花。

一八七 闯穷祸

闯祸不论大小,应该要是有财有势的人,才够得上闯祸的资格,他们闯了祸,不必负责任,自有替死鬼来代他送命。他只消捧许多钞票出来,就可以把此事铺平,如果一个穷汉,既无钱,又无势,他也要去闯祸,闯出祸来,他一点没有办法,只有自己去吃官司,这叫做闯穷祸,闯祸可以说是有财有势的人一种娱乐。

军阀时代,我们上海人看见的齐卢鸦片战争,他们为了自己做黑老,便大闯其祸,京沪线上,开始战争,老百姓倾家荡产者不计其数,双方军队死伤也不在少数,这祸闯得不能算不小,但是到后来,一点呒啥啥,闯祸坏一些没有什么损失。还有豪门的子女,都喜欢做违法的事,他们有财有势,而且消息灵通,所以套外汇,干走私,别人不敢闯的祸,他们都敢去做,到一朝事情失风,少爷小姐,逍遥法外,枪毙的自有倒霉朋友,会做替死鬼,这倒霉朋友,本来是穷小子,自己就不该去帮人家闯祸,人家有钱,毫无问题,你是穷小子,便成闯穷祸,闯穷祸就有杀身之祸。

本来在中国,杀人放火,都可以干,唯一的条件,便是金钱和势力,只要你条件够得上,就可以畅所欲为,一点没有问题,那些一条裤子一根绳的朋友,如果看见人家闯祸,有些眼红,便跃跃欲试,虽不敢去杀人放火,但也可以靠着人多,聚众与人为难,现在是多数人欺侮少数人的时代,人一多勇气就大,闯起祸来,自己可以不必负责任,那知穷祸还是穷祸,穷人不能闯祸,等到一朝弄僵,总要找几个倒霉朋友来枪毙的,到那时候,就不一定不轮不到你。

一八八 起码人

天平上秤东西,须用法码,大天平上用大法码,小天平上用小法码。最小的法码,便称起码,大天平上,往往一两起码,而精细的小天平上,可以一分起码,甚至一厘起码。在笔者幼时,生活程度底,物价便宜,白糖三文钱起码。开水半文钱起码,凡买东西最小的单位,都称起码,所以普通称起码,不一定用天平,用法码,乃指购买时最小单位也。后来凡价钱最末等的东西,也称起码了。如戏院中最便宜的位子,叫起码座位。客栈里最小的房间,叫起码房间。通称起码货。照这样以此类推,那末,刚生出来的小孩,便是起码人了,就是放他在天平去秤斤两,也是最轻啊,不然,不然。人非猪猡,不能秤斤两。

人为万物之灵,这里且不谈植物矿物,讲到动物,须知最起码的动物,叫做阿米巴,一切身体组织,起码到不能再起码。而神圣的人,照我个人见解,凡饱食终日,无所用心,两只肩胛扛一个头,而替中华民国每天消耗粮食等等的,都是起码人。

但上海俗语中所谓起码人,全无一定标准,看法因人而异,完全从阶级上产生的,大概起码一语,为有财有势的人发明。譬如一副戏班中,阶级很多。打上下手的人,把跑龙套的当起码人。而当另碎的,又把打上下手的为起码人,那些班底中的扫边老生之类,又把当另碎的为起码人。台柱角儿,又把班底中配角当起码人。到请了京角儿来,那京角儿,又把本来的角儿,当起码人了。社会本如戏场,一切与戏班中无异。

一八九　燕子窠

上海在鸦片的全盛时代,可以公开吸烟,公开卖烟,因此公开的烟间很多,其中最伟大的代表烟间,便是南诚信,北诚信,不但地方宽大,容有房间很多,而且房间中的布置,烟榻上的装饰,烟盘中的陈设,都相当精美考究,每天有数百人横陈榻上,吞云吐雾,麻醉精神身体,吸得不亦乐乎。那些上大烟间吸烟的,都是有钱人,不谈别的,单单在烟间中卖卖糖食水果而养家活口的,还不知有多少呢!

自从禁烟以来,大烟间小烟馆,不用说,一律禁止,除了花烟间之外,都不存在了。于是那些家里房屋宽大的,不要紧,依然可以吸,也无人会知道,不过沿街浅屋的人家,就不能吸烟,不能烧烟,因为鸦片这东西,一股气味,可以送得很远,无法秘密,所以家里不能吸烟。

于是燕子窠就应运而生,燕子窠的地方,比小烟馆还要小,甚至只有一只铺,只能供两个人对吸,再来一个人,只好摊地铺了。大概主人本是老枪,就把他家里招待同志,私营鸦片,便成燕子窠了,由同志介绍同志,生意倒也相当发达,而同业也很多,差不多无论那一条马路上,都有他的存在,他的重要性,与老虎灶差不多,没有他,就有一班人不能生活。

为什么这种卖鸦片的地方,叫燕子窠呢?因为这地方很小,几个人都是头接头的聚在一起,大有呢喃燕子语高粱的神气,故称燕子窠,倒也颇有诗意。而燕子窠中,真是别一世界,里面没有阶级,人人平等,往往左面躺一个西装少年,而右面躺一个穿麻叉袋的乞丐,二人正在对吸。种种奇形怪状,都是别处所看不到的,一个垃圾堆,而居然能吸引许多人每天花钱去光顾,实在很奇妙。

一九〇 跟屁头

跟屁头有两种解释：第一是专门跟在人家屁股头，人家到东到西，他也跟到东跟到西。第二，是并不一定跟在屁股头，而是跟着他放出的屁而行动，所以人即使去远，他不必跟紧在屁股头，他还可以嗅着此人放出来的屁头而遥遥跟随。

有人说：屁是无形无踪的东西，那里有什么头尾呢？我以为屁虽然与香烟一般，虽以辨别他的头在那里；然香烟在未点火以前，虽不分头尾，到点了火，就可以说：点火一头，是香烟头，而衔在口中的一端，乃香烟屁股，以此类推，那末，屁钻出来的时候，一定与养小孩一般，总是头先钻出来的，所以跟屁头朋友，跟牢了他屁之头而行动，虽远离本人，仍称跟屁头，因为他还是嗅着他屁头之香味而进退也。

并非个个人屁股头有人跟屁头，必定要有些财有些势的人，后面才有人来跟屁头，越是有财有势，那跟屁头的人越多，因为跟到了他，多少总有些好处，虽然天天尝屁味；但说不定也能成为"屁中自有黄金屋，屁中自有颜如玉"，这叫做"吃得屁中屁，方为人上人"，试观社会上许多像煞有介事的人物，他们当初全是由跟屁头跟出来的，吃饱了屁，自己也渐渐的放得出屁，够人家称赞一声好香了。一个大亨，家中出入的人，都是些跟屁头人，天天来侍奉大亨，拍大亨的马屁，拍得大亨浑淘淘，大亨差他干一桩事，他们无不尽心竭力干去，这倒并非完全为忠于大亨，一半他们也是为了自己，一朝为大亨提拔，就可以得到机会，就是平日为大亨办事，多少总有些油水可捞，所以每一大亨，无论出外居家，总有跟屁头朋友包围着，要跟到大亨放不出屁为止。

一九一　崇　腔

崇腔者，"崇明人阿爹"之腔也，什么叫做崇明人阿爹？这里可以先介绍一则故事：昔日由崇明到上海，须乘沙船，往来不易，宛如飘洋过海，因着交通不便，风气不免闭塞，所以上海人心目中的崇明人，以为个个都是寿头寿脑的乡曲，凡是价钱不便宜而货色不高明的东西，都说"这只好去卖给崇明人的阿爹"。在上海未辟租界以前，最热闹的市街，都在小东门一带，商店林立，戏园酒楼，无一不有，十六铺是船只交通荟萃之处，客商们都在此勾留，所以市面极盛。那时候各处航船，都有一定船期，惟独崇明船，必须风平浪静，才能开行，往来回无确期，从前客商向店家购货，照例可以包退包换，但是日子相隔太远，店家便会藉口拒绝。

当时有一位崇明老人，在小东门某店，办了些应用货物，那店家欺他年老乡愚，都将次等货卖给他，这老人拿回崇明来，才觉察上了他们的当，他一时气愤，就此痰决身亡。家人料理了丧事，便由老人的孙子，拿了货物到上海来，向原店家办交涉，店家问他："是谁来买的？"他说："是我阿爹来买的"，店家明知道他阿爹不能来，便对他说："既是你阿爹来买的，应当叫你阿爹亲自来掉"。那崇明人的孙子，见店家一味欺人，自然更要替阿爹报仇，于是扭了老板，到县衙门去打官司，这一场官司，居然那店家打输了，从此以后，这崇明阿爹买上当货的故事，传遍上海滩。

崇腔，就是崇明人阿爹的腔调，完全是一个乡下曲辫子，什么也不懂，买东西上当，那是应有之事，那种腔调，令人见了，已经要打恶心了，所以曲里曲气的神气，都叫崇腔。

一九二　发　甲

凡一个人吃了人家的眼前亏,当时寡不敌众,或弱不敌强,无法制胜,于是他脱了身赶快回去,邀这么几个弟兄来,去打回复阵,找到了对方,饱以一顿老拳,总算报仇雪耻了。他去找许多人来报复,这叫做发甲。如果这一个人,当时受了人家的辱,回去总想报仇;但自己想想,势力还是敌不过对方,就是要想去还朋友来打回复阵,自己平日没有朋友,到那里去找呢?即使有朋友,至少对于这几十个人,喝一杯茶,喝一杯酒,数目也很可观,自己量量自己的力量,实在够不上,于是对于吃亏受辱,只好忍气吞声,就此不提,这就叫做"发不出甲"。什么叫做甲?这好比有人生病,请一个道士来,念几句真言,焚化几张甲马,便去召几个金盔金甲的天将来,把病魔驱去。这也是病家对于病魔的发甲。发甲,大概就是发出甲马,会召几个穿盔甲的天将来的意思。

在战前,日本一味想在中国寻事,特地指使那些起码日本浪人,在中国闯祸。闯祸之后,再把这事件扩大,就可以借此严重交涉,所以每到中国有日本人发生什么浪人扰乱的事情时,他们国内的军港,如横须贺佐世保等处的军舰上,顿时烟囱里冒烟,早已生了火,预备等待发甲的命令一下,军舰就要开到中国来了。

假使我今天受了人家的气,马上回来发甲,弄了一群人马,去把对方打得落花流水。而对方吃了一顿生活,心不甘服,或者也要去发甲,后天也会邀一班人来打我,这也是意中事。这叫做仙人碰仙人,各有三千年道行,双方就要拿出颜色来了。

一九三　别苗头

别苗头与拔苗头不同，拔苗头不过是拿对方的苗头拔出来，看看他种的到底是什么植物罢了。别苗头则不然，我的苗头与人家的苗头，要比较一下，竞争一下，必须取胜才是。设如我的苗头，本有二分长，而人家的苗头，有了二分半，我得再给他别一别，我非到三分长不可。别苗头之"别"字，与别头寸之别字，一样意味。

舞台上演戏，大家都要别苗头，对于同行，尤其要别苗头。如果遇到双演四演等时，更是别苗头的好机会了。假如四演五花洞，那四个青衣，本领差不多，自然要各显神通，拿出自己擅长的新腔来唱，人家唱过的腔，一概不唱，这才有面子。又如四演三本铁公鸡，四个武生也都各自拼着性命，当仁不让的打，情愿死在台上，决不肯丢脸，你打得好，我比你更好，大家大别苗头，如果没有一点儿比众不同的颜色拿出来，那就糟了。

白相人地界，一朝双方有什么纠纷，弄到各自请老头子出来，这也是别苗头。假使甲方请来的老头子，见了乙方请来的老头子，一见面就口称爷叔，那甲方就没有苗头了。但是还好，既经一个是爷叔，一个是小辈，大家自家人，讲起斤头来，总不致激烈。万一甲方的老头子，口才很好，理由充足，那老爷叔，倒不过摆摆炮，竟是一老饭桶，于是一谈下来，乙方就没有苗头了。

女人地界别苗头，完全金钱做起，譬如妙老三天天在某舞台看戏，看中某伶，她在两星期内，天天换一件皮大衣行头翻足，相当有苗头。不料湘老四也看中某伶，她天天去看戏，手上钻戒，一天大一天，手上真像开了电灯厂。妙老三有新汽车，而湘老四也有新汽车。后来妙老三送一条小黄鱼给女厕所里王妈妈，托她拉皮条，果然马（马桶）到成功，苗头给妙老三别足了。

一九四 卖样三千

卖样本作"卖洋",亦作"卖伴";但不应写作"卖羊"。上海在租界时代大家都羡慕洋大人,谁都想沾些洋气,所以买东西不爱土货而爱洋货,于是上海成了畅销洋货的大户场。因此,奸商们往往把东洋货来冒充西洋货,有时竟用中国货来冒充洋货,这就叫做"卖洋",也可以说把滑头货卖给洋盘,叫做卖洋,我们试观国货工厂里所出的化妆品,那瓶上匣上,往往只有外国字,找不到一个中国字,这就是卖洋。

卖洋一语,虽发源在卖冒牌洋货上,后来推而广之,应用的范围,渐渐大了。凡是作诈欺的行为,都叫卖洋了,货色以外,人也是如此。凡做出各种故意的样子来,装腔做势,就叫"卖洋"了。

老白相混了几年,有了资格了,他便不愿再在人前老三老四,反而故意装得像曲死一样,那些暴出道的后辈,会真当他阿木林呢。富翁们有了地位,他定不肯在人前招摇,他不乘汽车,每天在路上步行,身穿破旧衣服,扮得像一个蹩脚生的样子。有真本领有真才实学的人,不愿意显露出来,故意呆头呆脑,做一个乡下人样子,这些都是卖样。

反过来讲,那些起码白相人刚刚出道,便到处闯祸,做出了不得的神情来,好像一口气吞得下对方,其实全本空头,无非卖样。穷小子在银行里开了一个户头,就此常常支票乱开,吃一顿点心,也要付支票了,这就卖样。进了大学,还不到一年,已经到照相馆去借了方帽子拍照,拿来送给女朋友,这些都是卖样,说来何止三千呢!以前有人说"卖洋三千",乃一块银洋可值三千金圆券之预言。我说得金圆券天天跌筋斗,那里会稳定在三千的数字上?

一九五 吃 相

吃相,也指人的态度,与一百八十三图之吞头,有些似是而非;但其中似乎有些区别。吞头往往形容静止的神气,而吃相都指活动的态度,一动一静,当然不同了。一个人吃起东西来,穷凶极恶,眼睛像闪电,筷子像铁箝,口中馋涎淋漓,要把桌上碗盏,吃得只只向天,连肉皮鱼骨,都不肯放松一点,恨不得舔舔空碗空盆,人家见了,不免批评一声道:"吃相真难看!"坐有坐相,立有立相,吃当然也有吃相,吃东西的时候,最容易显出此人的本性来,所以斯文之人,吃相无不规规矩矩,而下流粗坯的吃相,自然一定十恶不赦,令人见了会摇头,现在所谓吃相,实在都指恶劣一面,决不会有人说:"此人吃相倒蛮书卷气格!"或者说:"拼档码子,吃相阿要漂亮?"

杨家奶奶,每月一次,大发其歇斯的里病,拿丈夫出气,左也不好,右也不是,高声叫骂,不吃不睡,闹得六缸水混,到后来大哭一场,方始唱尾声而歇。邻居人家都说:"杨家奶奶格副吃相,实在怕人,赛过唱杀子报的女主角"。

王小姐抽香烟总舍不得把香烟屁股早些抛掉,吸剩了半寸,她还是要吸,几乎要吸到烧痛嘴唇皮为止。格种吃相,实在难看,阿像一只老枪?

帐房陆先生,每逢付帐,横算竖算,东也打折头,西也扣掉些,两只眼睛,从眼镜上面射出来,跷起了几根蛮猛胡须,多付一文钱,好比要挖他一块肉,陆先生的吃相差不多像陆稿荐里拿斧头的大块头。

一九六 踢皮球

踢皮球本市场中语,将货物抬高价钱而卖出,甲卖与乙,乙卖与丙,由丙至丁,由丁至戊,价抬至离去其本身实际价值,则必至无人愿买,故最后此货在手中之人,最为倒霉,必致蚀本脱手,货物宛似球场上之皮球。踢来踢去,从无休止之时,亦无人将球接在手中而不再踢出,故称踢皮球。

现在此语,已不仅市场上使用,而一般爱和调的青年男女之间,对于男女的关系今日老三老四,明日小王小李,常常换新鲜货者,无论男女,也都称踢皮球了。

和调的青年男女中,女子更为比男子来得䏸长性、踢皮球的动作,更为敏捷,那些和调男女,目的既不在做夫妻,既不打算白头偕老,自然都抱白相相主义,到白相得厌了,再行一脚踢开,常言道:"男想女,隔重山,女想男,隔重板",为了这山与板的心理不同,一皮一壳,当思来处不易,所以男子往往舍不得骤然踢去而女子因着山的关系,很肯下辣手,将男性皮球,即用高跟皮鞋毅然一脚踢开了。

鄙友汪君,是情场斫轮老手,他对我说:"至多两个月,我一定要把她抛弃了"。他常说:"男女之爱,不过是偶然的,日子一久,便会互相发现对方缺点,而致兴味淡薄,既无夫妇么的法律束缚,自然大可从速拆开,再去另尝新滋味。这热烈期间,普通是三个月;但我不满两个月,我先下手为强,非把她踢开不可。为什么薄情呢?因为我若不踢,再过几天,她要踢了,男子被女子踢开,到底鸭屎臭,太失面子,所以我为了替全体男子扎台型起见,往往正在热烈之时,就把她一脚踢开了,这种举动,一点也不辣手,我这皮球踢出去,他决不会无人受领,天下无荒废的女子,踢出去,定会有人接受所以我并不造孽,也不薄情,这是汪君的哲理。

一九八 飞机头

从前年轻男子，头发上多涂了凡士林，用木梳梳得油秃光光，一丝不紊，人家都称他们为滑头，年纪更轻的，便称小滑头。头顶虽然光而且滑，被称滑头，由形式影响到精神，未免有些冤枉。因为头发光滑的，未必个个尽是滑头人物也。

最近女子的头发，固千变万化，必须要经理发师去施行手术。而男子一比，未免太单调，于是也弄出花头来，前面头发梳得七翘八裂，形状有些像飞机前面的"泼洛百拉"，所以人家都称飞机头了。

飞机有三种特点：㈠ 飞机是前进的，勇往直前，非常迅速，可以瞬息千里。㈡ 飞机有危险，一朝出毛病，他会堕落。㈢ 飞机遇到大雾，往往前途茫茫，会触山头而丧身，所以飞机头的仁兄，如果向目的地开行，也会有这三种表现。

飞机头看见女性而钉梢，开足了内燃机关，使他非常发热，便飞到东飞到西，钉牢黄包车。正如梅龙镇里正德皇帝所唱："凭你逃到东洋海，为君追到你水晶宫"。他只管前进，可使对方无法逃避。

飞机头少年，正在努力时期，对于自己的学业，不去用功，一天到晚与女性搅七廿三，竟然把一切正经事情，置诸脑后，只是在高跟皮鞋下面钻来钻去，到后来，金钱也完了，名誉也完了，身体也完了，宛如飞机从六千尺的天空堕落到地上，跌得十分凄惨。飞机常常有触山头的事情发生，而飞机头青年，何尝不是如此，那些和调女人，看你金钱完了，就会不认得你，你要拿工钿，又没有资格，即使有资格，这当然成了劳资关系，只好天天做牛马，天天做奴隶，其实，就是天天在那里触山头。

一九九 装洋吃相

凡寿头寿脑,曲里曲气,处处受人欺侮的,叫做洋盘,亦称瘟生,而门槛全精,在白相人地界已有地位而不肯轻易露锋芒的,叫做相府。相府二字,实在不知作何解释,鄙意应作"相富",以其能装出种种相貌也。老白相往日装成仁义道德,而行为则依然无所不为,故称为"相富",似乎还相宜。

"装洋吃相"者,言假装洋盘,去吃吃相富也。上海人有句老话,叫"洋盘死弗完"。这是老白相的处世哲学,以为世界无论如何进步,洋盘总是死弗完,我们永远可以去靠洋盘吃饭的;但虽云"洋盘死弗完",而实际上,洋盘因着头脑的进步,洋盘天天在那里减少,洋盘一天少一天,自然白相人的吃屑,渐渐缩小范围,生意经不免要受到影响了。于是为推广营业计,便想出一种批发生意来,由老白相假装洋盘,而去骗相富,相富当他洋盘,便吃吃他,不料被他反过来,把相富吃瘪,这一套玩意儿,就叫"装洋吃相"。

昔日有一个徽州茶叶客人,到上海来,遇到了翻戏党,三个人跟他叉麻将,大抬轿子,几天下来,把这客人的钱,一起输光。客人无脸回去见老板,便到上海的乡下去投河自尽,幸而被一个乡下老头儿救活,问明了情由,老头儿大为不平,愿意替他报复,而且肯借钱给他去翻本,二人再一同到上海的旅馆中来。那翻戏党见这茶叶客人还有钱使用,便又来邀他去打牌,那茶叶客人就欣欣然答应,其时那乡下老头儿也跟着同去,坐在旁边观看,看了两圈之后,轮到那茶叶客人做庄时,老头儿忽然高兴,要代他叉一副,老头儿坐下来,就做一副混一色,一回儿等张了,等的是中风一筒双碰，而对家已把两只中风，扣住不放，忽然老头儿会自摸中风，和出来了，同时那对家的两只中风，一只已不翼而飞，变成一只三万了，于是大闹起来，翻戏党去请老资格来评理，方始晓得这乡下老头儿，乃退隐的麻将大王，今天特来装洋吃相而已。

二〇〇 吃精码子

凡处处小儿科,样样犹太作风,而算得非常精明的称为吃精码子。这吃精的吃字,并非舍不得吃牛奶而模仿野叟曝言中的李文全,要去吃文素臣之精,此乃言自己一切算小。吃精码子,是极端的精明人,无论什么事,一到极端,往往会闹出笑话来,他的举动,都有些滑稽了,我且来举几个例:吃精码子陈先生,他对于吃东西,很会打算盘,他朝晨去买了六只汤团来做点心吃;但是他只吃汤团的皮子,而把汤团的心子留着,到吃中饭的时候,他再去买些线粉来,和这六个肉圆子,做成一碗线粉肉圆汤,就可以当中饭的小菜了。还有甲乙二吃精码子,是结拜的兄弟,甲写信给乙,怕耗费信封信纸,有些肉痛,便拿一树叶来代替信纸,把一切说话,都写在树叶上,于是打发下人送去;不料乙看了此信,非常不满,对那下人说:你主人拿树叶来当信纸,未免太浪费了。我来写回信给他。说罢,忙把这下人上身衣服剥去,他提起笔来,就在这下人的背上,写起回信来了。吃精码子王先生,是个单身汉,家里倒有一个男仆,在夏天,他不许男仆穿衣服,实行裸体,有客到来时,男仆出来送茶,主人给他一块瓦爿,叫他遮着不雅之处,而出来见客。有一天,他不当心,把瓦爿打破了,主人大怒,说我给你一条新裤子,你穿得不到一月,已经弄破了,我非叫你赔偿不可。以上未免太过份些;但不很极端的吃精码子,世上相当的多。

二〇一 乱 人

乱人之种类很多,乱人之范围很广,兹试举数例:一个男子呱呱堕地时,赤裸裸的除了比女孩多一肉块外,谁都什么也没有的。如果长大成人后,还是一无所有,全部财产,只有自己一个身体,其他什么也没有,至多阔气些,称为"一条裤子一根绳"的人物,这就叫做乱人。但女子无论穷到怎样,即使只剩一个光身体,决不能称乱人。还有,一个人出言吐语,总喜欢用一"乱"字。与人相骂时,先用右手的中指,送到对方的鼻子上,口中大声说"乱!"也有时与人谈话而不满意对方的说话时,即道"侬懂张乱。"一朝听得自己的老头子跌了进去哉,便急道:"那末乱!"这乱字并非不满,乃表示毫无办法也。有时骂人不明事理,说道:"侬乱匣弗懂正反面。"也有时指一桩事情,毫无动静,称谓"一乱匣勿乱。"怀恨在心,叫做"咬乱。"总之有话皆乱。而此乱字,或成名词,或成动词,有时还作形容词,这一种人,也叫乱人。

还有无所事事而专门捣乱的,也是乱人。譬如他一天到晚,一味留心人家的事,人家相打相骂,他去轧一脚,打算兴风作浪。或者人家一男一女,有些牵丝,他故意从中捣乱,意欲敲竹杠。或者两个朋友合伙做生意,都很顺手,而他偏偏混在其中,向双方触壁脚,弄倒双方不睦而拆伙,他俩在其中大捞其横荡。总之他自己无职业,专门把人家的事情,弄得乱七八糟,而使他自己有利,这是乱人的作风!乱世多乱人,故政治界中也有乱人,我以为该称"乱头子"!

二〇二 打野鸡

从前的妓院制度，规则太严，长三更牵丝攀藤，十分不爽气，么二比较简便些，然而也有种种麻烦。论到住夜，规则都很讨厌，于是应运而生，出了一种雉妓，亦称野鸡。她无一定地方，飞东飞西，常在马路上拉客人。既节省时间，又可免去多少麻烦，这叫做打野鸡。四十年前，上海有一位野鸡大王，此人姓徐，他不娶老婆，每夜打野鸡，开销倒也很省。

打野鸡可以说是一种不正当而偶一为之的行为，所以打野鸡一语，后来推而广之，不仅用于嫖雉妓了，譬如张公馆里有一辆包车，包车夫每天拉空车子到外滩去接主人回家，他想捞外快，便私自做生意，拉一个客人到抛球场，赚些香烟钱，这就叫做包车夫打野鸡，诸如此类，相当的多。

白相人打算换换季，便包一天戏馆，自己印了几千张戏票，定价特别大，于是东也三十张，西也四十张，卖交情的卖交情，硬挃的硬挃，戏馆里轧不下，他也不关，如此赚一票，这也叫打野鸡。还有戏馆里的案目在节边也包戏二三天，打算捞一票，这叫案目打野鸡。

商家做不规则的意外生意，叫野鸡生意。轮船不按正班次开行，叫野鸡班，非正式公司的轮船，叫野鸡船。姨太太趁主人出门的时候，上上咸肉庄，也叫打野鸡。一个人做起事来，有些外里外行，这叫做野鸡搭煞。

二〇三 出风头

出风头，亦作出头。近日年轻男子，为了飞机头怕走样，多不戴帽子，而在四五十年前，则无论老幼，无不戴帽，尤其是冬天，非但戴帽，还要戴皮帽，戴风帽呢！当时独有一位纨袴子弟，他虽在隆冬，竟秃着头，绝对不戴帽，而且每天坐着两轮马车，在西北风中吹来吹去，这是什么缘故呢？此人乳名阿元，家里很有财产，他一向吃喝嫖赌，无所不为，后来他父亲一死，大家预料他必定在短期间内，可以把父亲遗产弄光。阿元听得了这些话，他就不肯再戴帽子，表示他决不会败去父亲遗产，因为俗说"阿元戴帽子"，乃隐射一个完字，元字上面戴了帽子，便成完。

他名叫阿元，怕荡尽财产，所以立志不再戴帽子了。人家见他光着头，在风中吹来吹去，看惯了，非但不觉难看，而且自有一种风度，于是称他为出风头。

出风头一语，渐渐流行起来，不一定把头颅在风中吹出吹进，就是穿一身时髦新衣服，招摇过市，也称出风头了。这就应作出锋头，好比新的刀枪剑戟，明光光的拿出来，露露锋头，自然也有一种令人钦羡之处。

于是凡在多数人的眼前，卖弄他的态度打扮口才技术等等，都可以称为出锋头了。譬如一位票友，登台串戏，当然是出锋头，行头新奇，更出锋头，报纸上登大大的姓名，尤其出锋头。一出场，掌声如雷，锋头更健，观众送的花篮，排得密密层层，又是锋头，从此称为名票，每逢义务戏，都来请他登台，锋头一五一十，呒啥话头。

二〇四 虫囊子

虫囊子不是肾囊。虫囊子三字,作何解释呢?凡是一个无用之人,不争气的东西,叫做虫囊子。就是说:这一个人毫无血气,毫无理智,完全是一个死尸。这死尸的内脏,已经完全腐烂,所以这臭皮囊之中,装满着全是蛆虫了。这叫做虫囊子,被称为虫囊子,都是不中用的东西。

一个光棍,拳头大,臂膊粗,眼睛弹,面孔板,说出话来,好像吃得下人,神气活现,大家见了,都会吓得一跳,其实,此人是个虫囊子,虽然态度十分强横,一朝对方真的要动手与他打架,他一定会夏侯惇,溜得不知去向。那些色迷迷的小白脸,大半是虫囊子,他们在女人地界,非常吃香,而且他们对付女人的工夫,也相当热烈;但是一男一女正在难分难舍之时,忽然那女人的丈夫,或者是非正式的丈夫到来,两雄相遇,照例必有一场剧斗,打一场你死我活,以决高下;但是那些小白脸,全不中用,此时一点没有勇气,他竟会叩头求饶,写伏辩,样样都肯忍受,而断不会和对方打起来,真是虫囊子。

怕老婆的人,也全是虫囊子,一是没有丈夫气息,老婆把他讥嘲恶骂,甚至脚踢手打,非但不敢放些威力出来,震服雌老虎,而且还不能抵抗,只好一味忍受,尽她骂,尽他打,这真是十二分的虫囊子精神。在平日之间,也全不像夫妇,竟是主仆,丈夫必须替老婆倒马桶,买点心,晚上还要跟他洗脚,万一那洗脚的水,烫了一点,或冷了一点,雌老虎又会发脾气,甚至叫他把洗脚水吃下去,他竟会有这胃口,真是十足的虫囊子!还有临阵溜逃的将官,也是虫囊子。

二〇五 炒冷饭

饭,越新鲜越好。炒好了饭,打开镬盖来就吃,这当然更好。假使烧好了一锅饭,人少而吃不完,于是第二天只好拿些隔夜冷饭来炒炒,炒出来的饭,虽可充饥,而饭的味道,不及新鲜的好,这就是炒冷饭。

凡一桩事或一种艺术的表现,如果新鲜货少而常常拿旧货出来反复演习,使听众观众讨厌,这也称炒冷饭。常言道:好曲子只唱三遍。假使常常唱,天天唱,只有勒煞吊死的唱下去,还有什么滋味?所以炒冷饭很不受人欢迎。

电台上的听众们,都是些炒冷饭仁兄。他们所点唱的东西,点来点去,总是这几只老调,其实唱的人,新玩意儿很多;但听众们最爱炒冷饭,胃口真好!说书先生,一个人不过擅长说一两部书,他们是一世炒冷饭的职业;但他们很会调剂,每到一处码头上,至多说满一节,就打算迁地为良了。平剧的大角儿,一出拿手好戏贴出来,总可以卖满堂,为什么平剧伶人又要喜欢这炒冷饭呢?须知近年来平剧中流行的本戏,就是由打倒炒冷饭而产生的。

我们上海人,在敌伪时期,尝到过许多许多新鲜玩儿,当时大家都以为是新花头;不料后来一样一样,都炒起冷饭来了。胜利以后,这冷饭还是天天要我们吃,不但换不出新花样,竟老是抄老文章,而且这冷饭,往往炒得并不比东洋人的好,吃起来,非但不饱,还会叫人打恶心。

二〇六 叫 开

在乱人地界,如有甲乙二人,肚里有难过,闷在胸中,将来遇到什么事,当然大家会借此发作,或者二人已经反过脸,打过架,早已成了冤家,但是光棍们在外面混饭吃,总是冤家宜解不宜结,方始可以在本位上发展,所以有了这种情形,往往会有第三者出来调解,这出来的人,地位要高些,面子要大些,虽不一定要大亨,也得要中亨小亨,否则,万一一方面不服贴,还是无效的,这办法,称做"叫开",或称"叫一叫开",简称"叫叫开"。

这叫开的一桩事,其中有两个特点,足以令人佩服。第一中间人的□话,双方都肯服从。第二,只消一叫开,凭你有什么深仇宿恨,都可以立刻消释,心里不存一点余恨,他们虽是些粗人,这种地方非常爽气,如果是国际间的事,那就麻烦了,第三者虽用尽心思调解,还是拉不拢来,冤家会做到底的。有许多怨恨纠纷,往往双方都从猜疑误解等等而成,所以你恨我,我恨你,二人不见面,不讲话,永远不会打破这闷葫芦,于是双方钩心斗角,兀自在那里针对着对方,施行报复行为,从此你报我,我报你,仇恨越结越深了,到一朝第三者出来,邀到茶馆里,他把双方肚皮里的念头,一一说出来。于是各人听了,便可以明白对方,才晓得自己很有许多不对之处,这样一来,知道自己也有过失,自然大家都肯退让了。由叫开而反成好朋友的,很多很多。

二〇七　大物事

不可藐视的人物，叫做大物事。这往往指不显著的小人物而有不可藐视的本领，了不得的天才，才够得上称他一声大物事。倘使社会上著名的人物，谁都知道的人物，就不必用这大物事的称呼了。有一个谜语，谜面是"芝麻中的绿豆"，谜底就是"大物事"。绿豆在蚕豆中，当然是小物事。绿豆在绿豆中，也显不出大小来。绿豆而在芝麻中，粗心的人还看不出，留心一看，就显得他是大物事了。

伶人刘老九，用到一个跟包的伙计，他会跟老板抄剧本，会代替老板写信，晚上拿了老板的行头到后台，有时还要替后台的伶人们写信，他成了一个公共书记了。胜利以后，他忽然失踪了，歇了半年，有人在南京看见此人，他做了官了。而且官做得很大，这消息传到后台来，大家都说道："怪不得，原来是一个大物事，当初谁看得出呢？"

泰昌的老板王先生病重时，对王师母说：店中十几个学徒，虽然都没有什么好歹，独有陈三官，我觉得他是一件大物事，你们必须留心他才是，后来王先生死了，王师母因为陈三官会拍马屁，所以不去留心他；不料有一天王师母家里盗劫，损失很大，幸亏不到一月，就破案了，强盗们在堂上供出来，都是陈三官的指使，于是王师母想起先夫之话，才知道陈三官小小年纪，实在是个大物事了。

周家嫂嫂常说：我们隔壁胡公馆里一个小大姐，真是大物事，年纪只有十三岁，男朋友弗知有多少，弄堂里好比一群雄狗，赶来赶去。她把东家的东西偷出来，总在每天清晨，什么东西都有，衣服，铜锡器，火油，肥皂，白米，那东家实在糊涂。

二〇八 赶猪猡

一个人落难而为乞丐，本是不得已，但而今成了一种职业。既是职业，便有行规，同时又产生了许多术语。凡告化子在路上向人跟着要钱，这叫做订霸，亦称赶猪猡，路人夜里被人把大衣皮袍子剥去，称为剥猪猡，这代价相当的大，被告化子跟在后面，给他一些钱，也被称猪猡，这代价较小，似乎很值得，其实，不给钱的，也称猪猡，不花半文钱，也捐得一个猪猡头衔，这要算最便宜了。

赶猪猡的跟在后面，他口中唠唠叨叨，说出一大段话来，有的祝你叉麻将和三百和，有的祝你做洋行买办，这一套话，他们的术语，叫"训子"。为什么告化子要把给钱的人，称为猪猡称为儿子呢？此告化子之所以为告化子也。

赶猪猡也是容易干的，第一，先要得到这权利，当然要拜了老头子，才像得了执照，可以赶猪猡。而且行规很严，各人的地段，一个告化子，只能在他自己被指定的一段地段内赶猪猡，不许有越界的举动，即使一只猪猡赶僵了，赶到界线处，也只好放弃，倘使见一只肥猪猡，远远而来，尚未踏入我的地界，我也不可迎入人家的地界上去。所以他们虽是乞丐，他们的道德，比国际上还高明得多。

这社会上，争权夺利的人虽多，我们从没看见过两个乞丐，同时赶一只猪猡，这也是他们的行规，他们在赶猪猡的时候，身上摸到了一个虱，往往只对猪猡身上乱抛，这是赠品，本来他们自己吃的，现在奉送了。

二〇九 霍血

霍血,即短衫也。接触皮肉霍牢皮肉之内衣,故称霍血。光棍们对于霍血,非常重视,要面子的人,不肯当去外面的"大蓬",往往先当去里面的霍血,外面还是穿着"大蓬",招摇过市,总算是长褂党,于是晓得他内容,知道他霍血儿已经当掉的,背后称之谓"少山兄",少山兄者,"少衫兄"也。有的人为了要一笔较大的款子,只好不顾面子而当去"大蓬",便成"短挑",穿着霍血到街上来,这是略为体面一点的光棍所不肯干的。如果连上身一件霍血,也被迫而当去,上身赤了膊,其名叫做"掮钢叉",上半身赤裸裸,头与躯干及两臂,形状活像一

把钢叉也。掮钢叉是最丢脸的行为。所以一般的光棍,决不肯当去霍血而掮钢叉,宁愿连下身裤子也当掉,而躲在被头里孵豆芽,他在被窝中,简直是一个模特儿。

两个光棍,狭路相逢,穷碰极,甲向乙要索债,乙的身边,一个钱也没有,尽甲去搜。最后甲要宽乙的"大蓬"下来,乙就苦苦哀求,跪下来叩头,情愿把霍血剥下来给他,甲以为不够,就连"叉儿"(裤也)也一起剥了去,乙浑身赤裸裸,外面穿着"大蓬",在西北风里吹回去。

夜半马路上剥猪猡,也有道德。他尽管把路人的大衣皮袍子丝棉棉袄等,一一剥去,剥得他像一只田鸡;但剥到霍血为止,决不肯把霍血也剥掉,这是他们的行规,也可以说是道德罢!

二一〇 走 开

已经结合之一男一女,一朝分离,叫做走开。俗称拆拼头;自己总说走开,似乎不觉刺耳,譬如说:"我搭小王,走开仔有一个多月哉!"走开二字,包括甚广,因为走开的形式,有种种不同。有的相打相骂,闹得家宅不安而走;有的一方面另有相好,而另一方面,并不勒煞吊死,一刀两段而走开,有的请律师出来写笔据,有的登报声明,这也是走开,有的一方面溜之大吉,另一方面不走开也成走开了,有的双方爱情日趋淡薄,或者阴干大吉,或者洽意走开,总之形式虽多,而走开则一。

走开之后,关系也种种不同,有的□形如仇敌;有的双方如陌路,有的依然维持朋友关系,有的假痴假呆,若无其事,有的会面之时,还要把自己新的配偶介绍,表示大扎台型,有的思想前进,由自己介绍一个相当人物给对方,这也形形色色,笔难尽述。

最难解决的,是一方面要走开,而一方面不肯走开,这就非经第三者不可了,本来男女之事,只有两方面,尽可自己解决,但是如果其中有了另外的目的,一方面非走开不可,于是对方知道了他的目的所在,便故意为难,来一个不愿意,这就难了,第三者出来谈判,第一当面请朋友出来,用情用理,双方并进,说得对方愿意,对方如有条件,不免讨价还价,在可能范围,答应下去,假使调解不成功,那末只有到茶馆上去,红眉毛,绿眼睛,穷凶极恶来硬做,或者对方一吓,就此软化了。再不成的话,那只有打官司了,请了律师,到法院里去告状,由法院判决,这当然对方只好服贴,不能噜哆,吭啥话说?

二一一 弗塞头

弗塞头乃触霉头之意,形容词也。这倒有一个小小的典故,昔日有一走方郎中,他身上作道士打扮,腰间挂两个葫芦。这葫芦中装的都是药:一个葫芦中,是真药,另一葫芦中,乃是假药。真药假药,做来完全一样,别说旁人看不明白,连他自己也未必弄得清,所以分作两个葫芦贮藏。这真药,得自秘方,能除百病,非常灵验,所以这道士在江湖上很有些名气:但江湖郎中,总带些江湖气,他有时看见无病之人,心里要揽生意,硬说他有病,便拿这假药来骗钱了。有一天,他出门时,在半路上,因道途泥泞,便滑跌了一交,他一看葫芦,大为吃惊,那葫芦里的真药,完全打翻在泥水之中,毫无用处了。

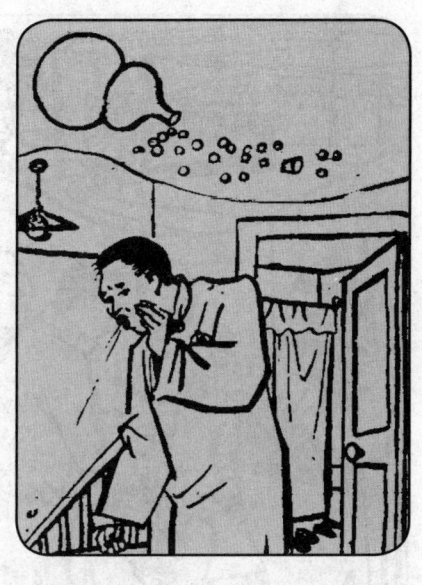

原来他出门之时,未将真药的葫芦头上,用塞塞紧,所以跌下去时,那弗塞头的葫芦,灵药一齐落在地上了。他无可奈何,这一天到了市上,为人治病,无论何种真的病痛,已没有灵药可用,完全拿另外一个葫芦中的假药来骗人了,当然这一天的病人,个个大触霉头,后来有人知道了这秘密,就称那些触霉头的病人,叫做弗塞头了。

弗塞头除触霉头的意味外,还有不吉利的意思,譬如当头老鸦叫,听了弗塞头,清晨遇尼姑,见了弗塞头之类。有一天,我在电影院中,前面坐有一男一女,女的从厕所里回出来,见男的面色不佳,便摸摸他的额角头,于是二人的对白,大用其弗塞头。"侬格双手,龌里龌龊,勿要拉我头上乱摸,弗塞头"!"阿要热昏!我一双手,敬得菩萨,上得台榻,再干净匣咙,勿比男人家格手从来勿想用清水汏汏,格末正真弗塞头格!"

弗塞头,大半都由信迷而来,不过近代的人,知识渐进,对于迷信,淡薄得多了,所以弗塞头一语,往往仅供触霉头的代替语罢了。

二一二　兜得转

　　四面兜得转,好比城头上出棺材,这才可以成大亨。一个光棍在外面混,要混得有窜头,真不容易。因为现在的社会,一切不上轨道,而恶势力笼罩在整个社会上,所以老老实实的人,反而会没有饭吃。如果一个没有受过什么教育的人,只要他头子灵,会四面的乱钻,钻了一个时候,他人头熟了,再混一个时候,他无论何种社会,都有得路了,上中下三等人都有交情,上至官场,下至九流三教,他都可以有联络,此人就可以称之兜得转,一朝有什么事,别人办不了的,只消去托他,他好比一串多宝钥匙,什么锁都开得开的。

　　一朝到了兜得转的地位,那真忙得不亦乐乎,一天到晚,来有事拜托的,实在可以门庭如市,因为现在是乱世,人民缺少保障,遇到什么困难之事,非去找一个兜得转的人出来设法,一定会大大吃亏。所以兜得转的人物,在目前是相当重要的。一个人变成一个兜得转人物,在各界,人头熟,还不过是初步的条件,各方面有了联络,自己就可造成一种势力,人头一熟,造成这种势力,并不困难,只要会利用人,会给人家利用,于是自然而然的自己会发挥,一种势力来了。

　　有人说,这世界上,各方面都兜得转的,是钞票,只消有了钞票,就是杀人放火,也可以大事化为小事,小事化为无事,人头熟,有什么用处? 不花钱,还是不能彻底,这句话,虽很对,须知一味肯用钱,并不是好方法,有时反会弄僵,弄得大家敲竹杠,所以用钱要用在刀口上,使人家不当我洋盘,才有意思。钱确是很兜得转,但是必须注意到他的坏处。

二一三 三吓头

凡是与人交涉一桩事,或与陌生人接触,谈判什么,或者调解纠纷,往往会来一下三吓头。三吓头者,吓头之三部曲也。第一步,他所走出来的人,身体大,面孔黑,眉毛浓,眼睛弹,拳头大,臂膊粗,开出口来,宛如上法场的强盗坯,吓得人觉得不是好惹的,这是第一个吓头。但遇到老口,对于这第一吓头,倒也不过如此,晓得来者是个粗人,虽然吃相难看,肚皮囊竟是草包,只消说话之中,辩驳他几句,他就会哑口无言的。

此人见第一吓头不卖帐,就要拿出第二吓头来,开口谈到正文,就说:事情今天由我出来与你讲,须知弄得不好,前

途一定到法院里去告你,你就有吃官司之可能。有许多人听得了惊官动府,早已吓得六神无主,当然受触,但也有人不怕上公堂,一来,是自己理直气壮,并没有犯什么法,怕他什么?二来,自己是一个光棍,尽身体滚好了。吃官司就吃官司,抱定了这样的宗旨,这第二吓头,也无所施其技了。他见第二吓头不来,就要用第三吓头了。

第三吓头,比较下流,但是这办法是人人怕的,此人就说:你今天听我便罢,不听的话,我也不管了,我要去了,不过你以后要当心。听的人一想,万一他去弄几个小毕三来摆丹佬,这倒有些吃不消的,这一吓,不免有些软化了。三吓之中,第三吓最容易办到,也最难防,如果三吓头一样也不怕,那末,大可以在外混混了。

二一四 换 季

在前清的官场，有换季之举，他们身上穿的衣服，纱单夹棉皮，因着天气可以依次更换，换在身上，人家也不易觉得；惟独那头上戴的帽子，春冬的，称暖帽，夏秋的，称凉帽，形状大大不同，不可随意更换，必定要由一地的最高衙门，例如省城中的抚台衙门，府城中的知府衙门，预先规定换季的日期，到了那天，上上下下，一律更换，不但是官，连差役们，也得更换。这换季，每年只有两次，即在夏初春末一次，冬初秋末一次，虽称换季，并非一年四季，要更换四次，只不过暖帽换凉帽，凉帽换暖帽的大区别罢了。

现在白相人地界，所谓换季，亦称换换季，就是买一身新行头穿穿的意思。一年三百六十五日，天天可做，并无规定日子，他们的身上衣衫，往往不很体面，即使有一套可见见人的衣服，到一朝手头尴尬，伙仓开不出，即要把他脱下来当的，当了之后，必须再弄到一笔钱，方可把衣服赎出来，如果得到一项意外的收入，那末，旧衣服也不赎了，索性换换季，办一身新行头了。

由秋而冬，天气渐冷，大家都要担心身上的衣服，于是大动脑筋，东也打秋风，西也打野鸡，弄到了一笔钱，就此换换季，身上穿起大衣来了。有的在茶馆里讲经头，一方面是小开，一方面是起码人，由一个老弟兄出来调解，一面叫起码人对于小开，赔罪认错，一面叫小开拿出一笔钱来给起码人换季，就此完结，一个因虚荣，一个谋实际，这完全是国际作风。

二一五 角落山姆

角落山姆,并不是角落头躲一个山姆爷叔,乃包罗万象之意,角落山姆,本由舶来语 All Sum 变化而来,便成角落山姆了,苏州话称"一榻刮子",北平话叫"包推",广东话叫作"亨白令",宁波话叫做"和总来该",都是一样的意思。角落山姆四个字,译得不妥当,应该写作"角落扫吭",即统统在内,连四面角落头,也一扫而光,弄得吭啥啥了,这一句话的应用,且来几个例:

刘家三姨太太,趁老爷这几天公司忙着闹劳资纠纷,她跟了汽车夫小张,一同逃走了,她在一天之内,把现金和首饰以及各种证券带走外,她房间里的东西,只留下了木器家生,所有细软的东西,角落山姆,什么都拿去了。

汪老二在某某镇上的一所房屋,被一班黄色动物占领了去,弄得镇上的人家,家家不安,一忽儿要米,一忽儿要柴,人人叫苦连天,汪老二好容易走了脚路,总算把他们请出去了,但是汪老二自己到屋中去一看,屋内所有的门窗以及地板等,角落山姆,都给拆去了,连地下的自来水管子,也一些不剩了。

私娼黑皮老九,有一天,接到一个小白脸的客人,手面蛮阔气,老九交关窝心,不料这是一个大拆白党,他晓得老九有些积蓄,特地来上她的班的。不知怎样被他用了麻醉药,弄得老九一时糊涂,人事不省,等到明天朝晨醒来,老九身上,剥成一只肉老虫,困在被窝内,所有箱子里的衣服首饰等等的值钱东西,角落山姆一齐给他拿去了。

洋泾浜图说

二一六 弗尖俏

一桩很好的事体,偶然因一点小小的不注意,弄得人家不开心,这就叫做弗尖俏,如果一个人做事,处处很道地,没有什么拖泥拖带水,这就是"尖俏"。譬如说:"孙老大格只码子,那能弄来弄去,局局弗尖俏格。杨老八就好,样样事体总弄得蛮尖俏。"

周家一个童养媳,公婆本来并不喜欢她,因为她太呆笨,不会拍马屁。有一天,她婆婆生日,丈夫特地叫她去向婆婆拜寿,希望得到婆婆的欢心;不料她刚到婆婆面前,连放了三个臭屁,气得婆婆面孔发青,真是弗尖俏。

王老五到陆公馆去贺喜,他鞠了躬,打算就走,陆先生留他,他说有事,陆先生再三留他,他说:我还要到胡家去吊孝呢?这一句话,就说得弗尖俏了。陆先生心里很生气,以为触霉头。

查老三是个唱戏的,他是独身,家里没有人,只雇一男一女下人。而他家里,常有和调女子去搅七念三,打茶围似的。今天老五,明天老六。有一天晚上,高老九媚云,住在查老三家里过夜。明天朝晨,查老三有事先出去了。高老九睡到十点半钟起身,她穿穿衣服,正要走了,瞥见褥子上,有铜元大小一个污迹,其色非白非黄,她晓得不好,这太不尖俏了,那女仆去洗时,一定要骂滥污皮,于是她打开皮夹,拿一张钞票,盖在这污迹之上,就此去了。少顷,女仆过来收拾床铺,见一张钞票,拿起来时,便发见下面的污迹。她不声不响的把钞票塞入自己怀中,将褥单拿去洗了,这就叫大家尖俏。

二一七 搀侬瞎子

舞台上演堂楼详梦,那霍家的婢女秋华,把详梦瞎子,领到堂楼上去,只因瞎子喜欢吃豆腐,秋华怀恨在心,便故意作弄瞎子,她一手执着瞎子手中明杖的一头,其实,她并不前进,她站在空地的中心,手提了明杖,自己身体只自旋转,一步也不走,使瞎子绕着秋华,在那里大兜圈子,瞎子以为到堂楼上去,路很远,所以只管走,那知越走越急,总也走不到,走到后来,足里走不动了,便跌倒在地。秋华方始告诉他:这好比牛牵磨,我是石磨,你是牛,瞎子方知上当。搀瞎子的掌故,就出在堂楼详梦,搀侬瞎子,就是把对方当做瞎子也,凡是发见对方的说话中,只利于他而不利于我,可见他没有诚意,便报以一声搀侬瞎子,就是说:除非来搀你这瞎子,譬如张三对李四说:"看电影去哦。票子我来买,吃点心算你的"。李四一想:吃点心,费用比看电影贵,这是不平等辱国条约,就说"搀侬瞎子。弗吃点心,车钱算我的。"张三觉得不合算,也说一声:"搀侬瞎子!"后来换新花样,称"搀侬吴鉴光",吴鉴光是上海著名的瞎子。

刮皮老二,在游戏场里,捞到了一只盎三寡老。二人乃进行谈判。老二本来租着一间小房子,不过前任的姘头,已经出松,所以空着,现在要求盎三,每天到小房子里来,小房子里一切开销,由老二担任,其他两不来去,盎三说:"搀侬瞎子?我一切吃用开销,那里来?"我又不是富家姨太太,你又不是王孙公主,老二一想:要我钱不是生意经,我有了钱,不会去弄一只漂亮一点寡老,何必要这盎三货;所以说"你别嫌我癞痢头,我别嫌你猪狗臭。大家两凑凑,要我出钱,搀侬瞎子。"

二一八 头子活

一个人在外面混,好比一条蛇,第一要头子活,就是那蛇要会活动,虽然蛇的尾巴,可以击别的动物,蛇的身体,可以环绕着别的动物的身体而致他死命;但第一,那蛇头要有洞便钻。在钻洞之前,先要有钻头觅缝工夫,在钻头觅缝之前,先要头子活,蛇的生活如此,人的生活也完全如此。

头子活,也就是头脑会活动。人为万物之灵,到底比蛇还要胜三分。蛇的头子活,还是外表面的,人的头子活,就会运用他内部的脑子。于是一天到晚,把头脑活动着,看到什么,听到什么,就要动脑筋,见有缝可钻,便马上去钻,今天钻甲,明天钻乙,钻得都有些成绩,大家不免称赞一声道:"某人头子蛮活格!"

头子活,全在脑子活,譬如听得人家说,"王老八,新近做了某银行的经理了"。就可以想到我与他,昔日里有过关系,明天不妨去拜访一去,联络联络,昨天周太太托我的一件事,我正没有办法,看来王老八做了银行经理,定有办法的。于是明天就去钻,居然一钻之下,事情成功了十分之五六,周太太就要称赞一声"幸亏你头子活!"

老林黛玉最后一次为妓时,有一天出堂差,至一品香门口,遇到相识的汽车夫阿棠,方知他现在薛老头子家里,林黛玉灵机一动,进去便与老头子竭力敷衍。薛老头子生平从未尝过这种迷汤,后来居然被林黛玉嫁给老薛,一票宿货,卖给江西人了,不是老林头子活,能见景生情,那里会有这出路。

二一九　和　老

古时无夫之女曰寡女,妇人丧夫曰寡妇。诸侯之夫人,自称曰寡小君。总之,女子称寡老,倒也不能说全无来历。男子称和老,实在有些费解,虽然夫妇反目,丈夫有自做和事老的本领,然而究竟勉强,实际和老乃鬎老之谐音,不过无须的太监脸,也一律称为鬎老。

甲乙二小白脸,从电影院散出来,看见一只寡老,生得面貌身段,都很不错,于是甲就拔脚要去钉梢,幸亏乙眼睛灵敏,马上对甲说:"当心胡老码子"!原来这一只寡老,是跟一个胡老同来的,此刻散出来,胡老到厕所里去小便了,寡老先走一步,甲止想上去搭讪,忽听得乙的甩翎子,就立刻止步,果然一个长大汉子,急步上前,与寡老一同去了。甲留心一看,便大吃一惊,原来这长大汉子,不是别人,乃是自己的老头子。

陈老二由拉皮条的妈妈介绍,娶一小寡妇,来的时候,她混身打扮倒很素净,陈老二也没有花多少钱,不料歇了一个多月,赶出一个鬎老码子来了,要叫陈老二吃茶去,一到茶馆里,此人就对陈老二说:"我的女人,听说你收留去了。"陈老二听了,晓得事情弄僵,就老实说:"实不相瞒,当初有人介绍,说是寡妇。"那鬎老一听得寡妇两字,跳起来了,陈老二慌忙赔罪道:"我实在不晓得来历,既是你老兄今天来了,那末,尽你吩咐好了。"幸亏那鬎老码子倒并不固执要人,他是一只开眼乌龟,只要陈老二肯花些钞票,他也可以过户的,于是陈老二再请几个弟兄出来讲斤头,总算花了一大叠钞票交割清楚。

二二〇 臭混俏

混俏,即瞎搅也。臭混俏则瞎搅得更无理取闹,损人而于己亦无利也。试举几个例:

旧式结婚之贺客闹新房,新娘拜过了堂,退入新房中,坐在新床,把床帐下垂,遮着她的身体,由两个伴娘,保护在左右,其时一群贺客,便进去闹新房,有的与伴娘瞎搅,要调虎离山,观新娘,有的便偷偷由床后爬进去,爬到床上,从新娘的后方进攻。伴娘们顾了前面,顾不到后面,他们对于新娘,竟动手动脚起来,大显其臭混俏之本领,而新娘是不可以开口的,真吃足哑苦。昔日上海有一班臭混俏朋友,喜欢自己拿钱出来,请客到公馆去,自然有贪搭便宜货的人,很愿做被请客的人,不过他们这班人,有个条件,请客尽请客,东道主是要作壁上观的。这东道主往往不止一人,如果三个人合请一人,那末,有四位仁兄一同去。生意经他们当然欢迎;但壁上观一层,先要与卖淫女说妥,否则临时不答应,就会闹笑话。

臭混俏与恶作剧,有些相似。从前有位名伶萧荣祥,他是个喜欢臭混俏的仁兄,他买到了海狗肾,拿来切做一片一片,拿到后台去请客。只说是外国来的鸭肫肝,那些武行朋友,很贪吃,你也一片,我也一片,一起吃光;不料这海狗肾非常厉害,不到一个钟头,都发作了,武剧刚扮好,还没上场,一班武行仁兄,都僵了。到武戏上场,他们都弯着腰,打得真不成样子,后来那正场武生,晓得是萧荣祥臭混俏,便与他交涉,要罚他请吃夜俏了事。但此事闹得名气很大。

二二一 | 黑吃黑

凡是借来的东西，不公开不规矩的东西，都称黑货。北平有个卖黑买黑的市场，在半夜里做生意，那些东西，怕被失主来指认，所以只有在半夜里卖黑市，但也有衙门中的差役，地方上的恶棍，向他们敲些竹杠，这叫做黑吃黑。鸦片称为黑老，并非指他的颜色而言，也是为禁止品，偷偷摸摸，是一种黑货，故称黑老。私贩黑老，被吃公事饭的人知道了，当然会捉将官里去，从严究办；但被一班小流氓知道了，他们便聚众来抢土。贩土的人，烟土被抢，也只好哑口无言，又无法跟他们打官司，去告状的。这也是黑吃黑。

有一个时期，上海城内，可以公开卖烟，但买客买了烟出来，门口有小瘪三，往往在此人身上做个暗号，于是此人走出了这个区域，就会有人前来敲竹杠，小瘪三就是他们的眼线，这竹杠，当然可以稳稳的敲一下，这也是黑吃黑的一种玩艺。

还有关亡婆看香头的妇人，她们来本是骗钱的滑头生意，一班衙门前戤石狮子的小弟兄，见了她们，也要敲竹杠，这也是黑吃黑。他们见一个下等妇女，手里拿一柄黑色油纸扇，就晓得他是吃这碗饭的了。

银洋未曾公开买卖之时，马路旁的银元贩子，手拿洋钱，叮叮当当，鬼头鬼脑的在做买卖，其时，也有人吃他们的俸禄，也有人索性来抢洋钱，也有人仗着一身衣服杀半价，这都是黑吃黑。

二二二 | 天晓得

外国的成药□上匣上，都公开的把药方印着，大家可以知道他的成分。而中国的丸散膏丹，古方秘方，都不公开，并且有两句标语："修合虽无人见，存心自有天知"。"天知"二字，就是天晓得的最初。

后来人家遇到什么无可辩白之事，譬如张公馆里失去了一只脚炉，疑心王妈偷的。王妈受了冤枉，无从表明心迹，便道："脚炉是不是我偷，天晓得的"！东家见他赌神罚咒，就晓得脚炉决不是她偷的了。不过到了后来，大家见天晓得三字，可以见信于人，谁都会去利用了，电车上有人失去皮夹子，就捉到一个嫌疑犯，此人便指天画地，说"天晓得"。大家就放他走了。其实一只皮夹子，实在是他偷的，而且还在他身边，因为他说了天晓得，便不再搜他身边了。

其实在天爷爷那有工夫来管这些闲帐，尤其是上海，那三马路的大舞台对面，两家文魁斋，各自画着乌龟，大大的写着"天晓得"三字，天爷爷与乌龟，处于同等地位，气得老人家，决不愿再来干涉这些鸟事了。

试举几个例："法币换金圆券三百万作一，真真天晓得，行政院长刚下台，弄出一个蓝妮的颜料案子来，天晓得。"每次生活指数发表，资方总说太高，劳方总说太低，这是天晓得的指数。吃块大饼，现在要金圆券一千元，折合法币，实在天晓得。隔壁顾家的雌老虎，常发脾气，丈夫很难做，硬也不好，软也不好，天天相骂，有人问他丈夫。他丈夫答道："她的脾气，天晓得"。王先生嫌车钱贵，从杨树浦走到徐家汇，他坐定了，喘着说："这段路，走得天晓得。"老李去上咸肉庄，第二天，有人问他肉味，他笑道，"天晓得"。天晓得的用途这么广，所以天晓得三字，究竟什么解释，真正也是天晓得。

二二三 弗推板

一只船在河心前进,一直线的行走,假使要不在中间行驶而靠向右岸,那末,后头当橹的人,便应当作板梢的举动,将船梢竭力板进,则船头自易右倾,而船身会渐渐靠近右岸。反之,假使船要靠近左岸的话,那末,后面当橹的人,便应当作推板的举动,将船梢竭力推出,则船头自易左倾,而船身会渐渐靠近左岸。如果不靠右,不靠左,船要在河的中央前进,那末,不用推,不用板,这就叫"弗推板",即不偏不倚,中庸之道也。

这是船家语,现在俗语中所谓弗推板,当然不指摇船而言,而且并不是平面的不推板,乃是立体的弗推板。照理论讲应当是"在水平线上"的意味;不过高,不过低,自然"在水平线上"!但实际上,此语的普通意味,不是说"在水平线上",乃言"在水平线以上"也。

新到文武老生某伶,登台打泡三天,三天下来,大家都批评道,打了唱,唱了打,并不穷凶极恶,也不气喘,非常写意,倒弗推板?

某寡妇再醮,与小白脸结婚,不料不到一年,小白脸患色痨而死。实在小白脸虽然漂亮,身体太推板了,竟像程麻皮的房子。

弗推板一语,仍旧作"在水平线上"的意味的,也未尝不会有。试举两个例:江先生的一只手表,非常正确,他去乘火车,赶到车站,与车站上的自鸣钟一比,完全一样,一些也弗推板,大家十三点。姚先生晓得父亲病重,急急从北方赶到苏州,不料时已深夜,城门关了,无法进城。第二天清晨回家,方知父亲已在半夜里断气。真正只推板半夜天?

二二四　眼开眼闭

滴笃班里唱祝英台哭灵,有一大段唱句,上句都是"一眼闭来一眼开",连唱十几句之多,大概梁山伯临死,有眼开眼闭的表现,所以她们这么唱;不过为什么梁山伯会眼开眼闭,实在莫名其妙。

凡人对于一桩坏事,明明知道而装作不知,叫做眼开眼闭,就是他的眼睛,又像开着,又像闭着,现在的做官仁兄,大半有眼开眼闭的本领。他忽然一道命令下来,要禁止什么,取缔什么,墙壁上贴了告示,报上登了新闻,但是说虽这么说,他们并不执行,该禁止的,依然满目皆是,仍旧到处可见,这就是眼开眼闭。有人说:这叫做"马桶上打瞌睡",上面的眼睛开着,而下面的屁眼开着,那高高在上的发了命令,以为下属给他实行了,那知下面的后门大开,开得连条子都塞得进去,而且下面臭气上腾,他上面还是双目紧闭,睡得糊里糊涂,所以官场命令,都成一纸空文。有一对夫妻,表面上非常客气,家中把一宅分为两院,丈夫住在前面,太太住在后面,二人生活,各不相关,偶然有事相商,必须先由人通知了,二人才衣冠楚楚的会见一下。这位太太,表面上扮得很朴素,而她的内衣,真穿得像一只花蝴蝶,十二分漂亮,她与一个唱戏的同居着,这已是公开的秘密,连那个伶人的朋友们,也常常到这小公馆里去,坐坐谈谈,有时高兴,便拉起胡琴来,唱这么一段。她的丈夫住在前面,交游也很广阔,有几个朋友正在他丈夫那里叉麻将,忽听得后面他太太房中,唱起来了:"一马离了西凉界。"朋友们就问道:什么人在那里唱?她丈夫答道:"不是的,这是留声机的唱声。"有人晓得其中内容的,都说:他真是眼开眼闭的老资格!

二二五　谈老三

谈老三不是人名，凡言人死亡，叫做谈老三。简称"谈"。譬如说王老五昨天死了，可以说"老五昨天谈脱哉。"所以这谈字，是动词，而下面往往用"脱"字来做语尾。"谈脱"一语，实自谈老三简略而来，有人疑"谈脱"由舶来语DEAD（岱特）所变化，其实不然，乃发源于谈老三。

谈老三一语，现在虽指死亡而言，实在此语之最初，乃咒诅起码人之死亡也。今则无论何人之死，皆可称谈老三矣。谈老三本作抬老三，言老是三个人抬一口棺材也。富贵人骨头重，棺材必须一百廿八人或六十四人扛。次之，卅二人，十六人。更次之八个人。贫贱人骨头轻，三个人扛得动了。至于

起码人的棺材，本来只消两个人扛扛就够了，但两个人扛棺材，绳索很不易得到重心，于是设法用三个人扛，二个人在前，一个人在后，这是最起码的扛棺材法，起码人死了扛到义冢地去，老是三个人扛一口棺材，所以叫做抬老三，后来便误作谈老三了。

杨老二常常骂朱阿三，"操伊拉，朱阿三省省罢！狠大狠地，明朝谈老三起来，迭两个穷爷，一串长锭匣弗交落格"，这是朱阿三并没死，杨老二咒他罢了，而且朱阿三未必会困施棺材，葬义冢地，不过杨老二心里有难过，特地咒他没有好结果罢了，还是谈老三一语初期的用法，现在不对了。

现在很简单，谈老三并无咒诅意味，亦无阶级，仅仅代替一个死字罢了，高贵的人，照样也可以谈老三，例如"操伊拉，罗斯福格赤老，拆洋烂污，订他妈的雅尔达协定，可惜已经谈老三哉，不然，穷爷请伊吃黄坤山"。不过这些话在知识阶级里很少听到。

二二六 牵 丝

牵丝,不是牵丝攀藤,牵丝攀藤,乃搅七廿三之意,无非缠扰不清耳,单单牵丝二字,另有一种意味,专指男女关系。闻月下老人专管人间婚姻,只消他老人家把一根红丝,牵在一男一女的足上,这一男一女,就是相隔万里,也会被这红丝牵着,使二人成为夫妇的。假使一男一女之间,并不牵丝的话,那么这一男一女,就是天天见面,或者相处一室,也不会成夫妇的;所以世上无论那一对夫妇,都由月下老人的红丝牵引来。

俗语所谓牵丝,就根据这个典故;不过只指已往或现在,不是指未来而言的。试举几个例:杨老太太,是一位吃素念佛的老年人,谁有得出她和家里那个老用人金福牵丝的。她的儿子三少爷,说是遗腹子,那是狗屁,实在是金福之子,只要看三少爷的面孔,完全与金福一样,这是铁证!

吴太太神气很庄重,待人接物,脸上没有笑意,那里晓得她和大悲庵里的当家和尚四空牵丝的。每夜和尚由后门进来,清早由后门出去,有时一连住六七天,索性白天也不回去了。和尚衣服,晒在晒台上,渐渐被邻家发见了。

周老三和爬牙子阿招,以前牵丝过,后来走开了。不知什么缘故,忽而又牵丝,忽而又走开,朋友弗像朋友,夫妻弗像夫妻,拼头弗像拼头,弗知啥个路道?

程先生为了程师母跟着小白脸逃走,后来双双在火车站捉住,解到法院里,在庭上离了婚,不料相隔三年,程师母常来找程先生,程先生也常去访程师母,有时二人一同看电影,一同吃饭,大家都说两个人又牵丝了前世事!

二二七 老 调

寿星唱曲子,老调,本来指炒冷饭而言,凡一桩事情,再三反复,换不出新花头来,弄来弄去,仍是抄老文章,叫做老调。譬如政府将发大钞,等到外面有了消息,当局便先来一次辟谣,然后抽紧银根,现钞奇紧,于是说为各界需要起见,就把大钞出笼了。第一次如此,第二第三次,也是如此,以后永远如此,这就是老调。

但现在这里所谓老调,乃另外一种解释。凡人之死,曰老调。这与谈老三差不多,例如"阿黄谈老三哉"!也可以说"阿黄老调哉!"为什么死,称谓老调呢?其中颇有哲理。因为一个人生在世上,辛辛苦苦,忙忙碌碌,到后来,总是一事无

成,两脚一挺,就此瞑目了,千篇一律,个个人如此,富有天下的,也是这样结果,贵为天子的,也换不出另外一个结果来。虽然我们听得有什么肉身成佛,羽化登仙,可以换些新花样出来,但是这不过说说而已,谁都没有看见,实在也难以相信。总而言之:这世界上,从古至今,地球上无论那一国的人,不分富贵贫贱,不问老幼,他们最后的结果,都只有一条老路,就是死,决不会有另外的新玩意,所以人之死,称为老训,其实含有讥讽之意,因为人类很自大,自以为万物之灵,不知他灵在那里?人之最后结果,不是与其他动物一般,还是唱着老调么?不但人的死唱老调,而活人对死人的处置方法,也尽是唱老调,也难以发明新玩意儿。埃及人把死者做成木乃伊,中国人把死人用棺木装好,保存似的葬在土中,谁都想不出改良,谁都不肯革命。其实死尸,以速朽为最有意味。大轮船上死了人,用水葬。佛教中,用火葬,都是老调。如果和尚寺里用水葬,大轮船上用火葬,那才是新鲜玩意,不

是老调了。近年来，有几位多吃白塔油的摩登老人，临死时，遗嘱要火葬，于是学时髦朋友，大家模仿，这是向外国人学来的老调。最科学化是德国，在战前，把死尸的脂肪，拿去做蜡烛，这才不是老调，但中国人决不肯如此做，谁肯将自己的父母去做蜡烛呢？

二二八 通 天

中国社会上有一个恶劣习惯,叫做"瞒上不瞒下",尤其是官场,恶习来得更浓厚。下一班狐群狗党,对于民间,可以敲竹杠,万一遇到一个硬汉而敲不动竹杠时,他们就恼羞成怒,才把这公事,向上面一送,索性公事公办,一个钱也不要了,这就叫通天。

事情一通天,还有什么话说,要花钱也不容易花了。即使那高高在上者,也要捞锡箔灰,那末,捞起来,数目也可观了,所以无论大事小事,最好不通天,一通天就难办了。而且那些蟹脚们,为敲竹杠不遂而通天,自然更怀恨在心,通天之后,当然在办得你结结棍棍了。

苍天在上,他本是木木然,什么也不知道的。民间的事,要十二月二十三日夜灶君上天,一一奏明后,他才知道一切,刚可以赏善罚恶,这就是通天。通天之后,无法更正的,所以通天一事,非常严重。我们讲捐税罢,一家商店,来了两个查帐员,一查之后,就说出许多不对的地方,说要罚多少多少。商人们那里懂得那些天天在改变的法令,自然只好听他随便说。如果商人们识相,便与他商量,送他若干锡箔,马上可以太平无事,他也不再报告上去了,而且就此双方还可以交一个朋友,以后有什么事,闲话一句。倘使这商人不识相,自以为光明正大,不肯交落分文,他们见无外快可捞,于是一怒而去,把如何犯章等等,一一报告上去,事情就大了,老板捉将官里去,或者勒令停业。一通天了,这班阎王下面的小鬼,便变成了天神天将凛然不可犯了,那还了得。

二二九 蟹 脚

一只蟹有八只脚,蟹全靠脚来活动,蟹全靠脚来横行。至于蟹的本身,只有一个身体,这身体虽是主脑,可称是无用之物。还有两只螯,这也是蟹脚一类,不过此蟹脚略为力量大些,势力大些罢了。如果将一只蟹,除去了脚与蟹,单剩一个身体,这叫做"无脚蟹团团",除供人大嚼外,一无所用,一动都动不来了。

一个大人物或一个大亨,他手底下,必定有许多为他奔走,为他效劳的人物,这些人,就称蟹脚。大人物与大亨,只会打打图章,坐在沙法上吸雪茄烟,一动也不会动,会动,全靠那些蟹脚们,到外面去张牙舞爪,才形成整个的势力,就可以对外活动了。如果这大人物大亨,一朝失去了一群蟹脚,他不能自骑马自喝道,他便成一只死蟹,一些本领也没有了。

蟹脚虽是小东西,虽是起码人;但我们不能小看他们。他们成事不足,败事就有余,如果得罪了蟹脚,他们在蟹团团面前去放野火,于是这整个的蟹,横行起来,倒有些吃不消的。实在蟹脚之为物,一来数目多,二来靠山硬,有了这两个特点,就得要抬举他们三分了。

常言道"擒贼先擒王";然而反过来,可以说"除蟹先去脚"。蟹的活动,既全靠脚,那末,要对付一个大人物大亨,只消设法先把他的蟹脚,一一除去,他只剩了一个蟹团团,就变成大饭桶,什么事情也做不来了。他文不能写一封信,武不能提一只小皮包,只会享受,不会劳动,简直是个废物。蟹脚之重要就在此;可惜蟹的本身,倒也并不看重蟹脚,蟹的失败,往往在此。

二三〇 受 黄

受黄乃遭殃之谓,普通称受累,不知怎么的由受累变成受黄了。为什么叫做受黄呢?受黄二字,如何解释?我当然要交待明白。譬如袁小姐坐着三轮车出门去,行到半路,忽然路旁闪出一人,手拿一个荷叶包,包内尽是黄坤山。此人向袁小姐的头上抛上来,袁小姐逃避不了,只好接受了。这就是受黄,受的是黄坤山。又如王先生是个书生,他一踏进政界,实在觉得处处有些不自然。忽然有一位亲戚来运动他一件事,拿来几条条子,托他交与上司。王先生自己当然不要好处,他情不可却,过一过手;不料他接受了这黄金,后来大成问题,东窗事发,王先生便牵连在内。这也是受黄,受的是黄金。受黄的解释如此。受黄一语,倒并不单独流行在乱人地界,上中下三等人,都很通行。看中了一件衬衫,到领了薪水去买;那知衬衫已经涨价,于是只好赶到写字间,再问朋友借了钱,重新去买衬衫,不料价钱又涨了,只好再去借钱,赶来赶去,真正受黄。排班买电影票,恰巧前面一人,多吃了东西,连连放吃伤屁,无可逃避,实在受黄。后来忽然下雨了,混身淋湿,更是受黄。

叉十六圈夜麻将,上家常常连庄,弄到深夜回去,不料已到戒严时间,在警察局里过一夜,实在受黄。

夏天夜里,坐汽车兜风,开到荒野里,四面没有村庄的地方,忽然抛锚了,只好走回去,大家大呼受黄。

当掉了一身中山装,去打野鸡;那知传染了白浊,天天提鸟笼,日日送牛奶,那末,受黄哉?

二三一 打　朋

寻开心开玩笑，叫做打朋。为什么叫打朋？譬如甲见乙在打瞌睡，甲在乙的头上，打一记，乙醒了，见是自己朋友，便付诸一笑。又如丙在路上走，忽见前面走的一人，是自己的朋友了。于是丙赶上去，在他背上打一下，丁回过头来，见是丙，便说："朋友！不要寻开心。"凡这样的朋友，寻寻开心，开开玩笑，都叫打朋。

把他扩大些说：打架也是打朋，打架的双方，或者本来是朋友，一朝利害冲突，便打得不可开交。打完之后，言归于好，朋友还是朋友。假定原来不是朋友，为了某事，双方打起来，打得头破血流，经第三者出来叫开，不打不成相识，从此也就做起好朋友来了。

再讲得大些，打仗也是打朋。从前中国军阀时代，打了二十年的仗，即打了二十年的朋。奉直皖三系，你打我，我打你，忽而奉联直而打皖，忽而皖联奉而打直，循环不已。其实，几个首领，都是朋友，有的换帖弟兄，有的同学，见了面，都是称兄道弟的；但打起朋来，可以用外国军火来杀本国老百姓，这打朋真打得可怕吧。

全世界公认的打朋日子是每年四月一日。这一天凭你打朋，对方不能生气。就是儿子向父亲打朋，父亲不能发火；否则，就是父亲思想落伍，不前进。这一天，就是教堂中很神圣的一位牧师，万一被人寻开心打朋，也只好不做声，无法掮上帝招牌来训斥人。老实讲：人类本是打朋的动物，天性好打朋。因为一个人的产生，就是他爸爸妈妈两个人打朋打出来的。

二三二 黄 陆

靠不住的事,称为黄陆。黄陆的掌故,不是从上海黄慧如陆根荣的主仆通奸惊人案子而来,也不出在上海天通庵的黄陆路,此语据说来自苏州。苏州从前有两个人一姓黄,一姓陆,二人专门说谎造谣骗人,上他们当的不计其数,他们天天玩愚人节。后来二人喝醉了酒,深夜经过渡僧桥,失足跌入河中,他们便高声呼救,人家披衣出视,见是黄陆二人,以为他们又在说谎,便不去灌救,终于溺毙了。所以凡是捕风捉影的话,都称谓黄陆话。

苏州人又把黄陆,称为"黄陆一道箍",意味完全一样。据说另有一段掌故,乃一个富孀,姘了三个男子,一姓黄,一姓陆,一姓顾。那姓顾的,是做道士的。三人对于富孀,个个甜如蜜,其实,无非索她的钱而已。姓黄的先把富孀的首饰偷光,姓陆的又把富孀的房屋田地骗光,最后那顾道士,更为可恶,索性把这女人的身体,也卖去了。那女人到此,方知三个人都是假情假意,全没良心,她就上吊自尽了。知道此事的人,就叫做"黄陆一道顾"。把"黄陆"一语,根据着新事实,又加上一个语尾了。"一道箍",乃"一道顾"也。

"黄陆一道顾",说起来太长,现在不很听得了。"黄陆"二字,也有人缩做一个"黄"字了。譬如本来说:"老三要办牛皮公司,我看黄陆格";往往说:"老三的牛皮公司,我看黄脱格哉"。又因为"黄"与"簧"同音,所以凡一桩事情靠不住,或失约,或不成功,又称为"滩簧",亦称"唱摊簧"与"坍黄"同音,坍了,黄了,就是不成功了。此语在堂子里很流行。客人约定了日子,来做花头,这一天,房间里摆满了台面;那知客人放生,失约不到。于是邻院妓佣,见有酒无人吃,便说他们房间里唱滩簧。这原是讥笑的意思。

二三三　斋爸

凡把事情弄僵，而且弄得不可收拾，叫做斋爸。什么意思呢？据说也有一个小小掌故。昔日里有一个人，欠了许多债，到年底，正在躲避的时候，他忽然想起：这一天，正是自己父亲的忌日，应当要祭他一祭；然而白天又不敢祭，怕被债主们看见，便在夜里，偷偷的弄了一桌菜，点起香烛来，斋一斋这位已经死去的爸爸。不料正在此时，忽然不约而同的有六七个债主，一齐从后门里赶进来，一看情形，便大闹起来了，说道：你真写意；原来你今天晚上，祭祖宗，吃年夜饭么？快把钱还我们。你吃得起年夜饭，难道还不出债么？我们被你欠了许多钱，就吃不起年夜饭。此人见债主们其势汹汹，便用好言来安慰；那知他们不依，说道：除非你还钱；否则不来听你什么空话。说完了，他们就坐上去吃了。说道：我们就是你的祖宗，今天来吃年夜饭了。此人真弄得僵了，又无法请他们出去，一面又觉对不起父亲，实在走头无路。所以一个好好的计划，忽然弄糟，都叫斋爸。

王先生与冯小姐交朋友，已经有近一年了。近来俞先生向冯小姐求婚，冯小姐没有肯定的答覆，俞先生便自以为是，当是冯小姐怕羞，便约定日期订婚了，冯小姐也不加拒绝。于是俞先生发帖子，邀亲友，到了那一天，男女贺客，来了不少；独有新娘左等不来，右等不来，急得新郎望眼欲穿，便差人到冯小姐家里去请她，那知冯小姐不在家，不知那里去了。订婚之举，就斋爸了。不但新郎斋爸，而那些贺客，也很斋爸，桌上的点心香茗，吃也不好，不吃也不好，大家不欢而散。

小周热恋着舞女夜来香,但有人告诉小周说:夜来香与一个商人,在某某公寓几号,做着长期会合之所;不信,可以去探一下。小周得了消息,便在某夜,独自前往,赶到那里,恰巧房门开着,他便闯了进去。夜来香果然在那里,再看那男人时,原来是自己的父亲,小周此时,真正斋爸!

二三四 屈 死

屈死,谓冤屈而死也。屈原投汨罗江而死,这可以说屈死的典故;但屈死现在读作"屈细",乃由"曲细"二字变化而来,故谈屈死,当先谈曲细。在前清时候,城市的男子,背后拖一条辫子,又光又亮又滑,非常考究,那乡下的男子们,平日把辫子绕在头上,为工作起见,不能不如此。但到进城去时,怕城市中人笑他,他也拿辫子放下来了,而乡下人辫子平日绕惯在头上的,一时放下来,往往会弯弯曲曲,不能垂直,所以城里的人称乡下人谓"乡下曲辫子",或单称"曲辫子",而"乡曲"二字,可以说是"乡下曲辫子"的缩写。乡下人到上海,往往呆头呆脑,被汽车撞死,是常有的事,这便是曲辫子死了,称为曲死。又因为他冤曲而死,亦称曲死。但最近的屈死一语,已不作曲辫子之死,或含冤而死解释,变成一句普通的骂人话了。"猪猡"之下,不妨再加一句"屈死"。在堂子里的女人口中,这"屈死"二字,又拿来美术化了,叫做"屈家里"、"阿屈"。还有翻译成反切,则称"阿屈里西里",那简直外国语化了。夫妻们肉麻当有趣,老婆称自己丈夫,往往拿"屈死"来代替"阿大笃爷"的。例如对邻妇说:"伲格屈死,昨日摇着一脚会,运气交关好"。真性的屈死,上海滩上很多很多。这可分为急性慢性二种:急性的,如被汽车撞死,流弹打死,拾到炸弹炸死,慢性的如患梅毒而死,吃白粉而死,打花会而死,最新的,是为通货膨胀而死。慢性比急性数目更多。他们都死得莫名其妙。

二三五 窜 头

凡平地上春云的事情,叫做有窜头。如果平平常常,便叫做没有窜头。飞机虽然可以一飞冲天,但普通的飞机,都是由平地徐徐盘旋而上,这都不是窜头;惟有战斗机才有窜头。因为战斗机由地上起飞,不必盘旋而上,而多费时刻,他得到了敌机空袭的警报,就可以立刻由地面向上直窜,到达五六千尺的天堂,这才有窜头呢!不过战斗机虽有窜头,他也有缺点,就是只能够在天空飞二小时,飞行时间,非常的短。

上海人一向爱有窜头,规规矩矩安分守己的人,大家都以为太没有窜头。普通经营事业,辛辛苦苦,认为太没出息,必须要发一票横财,才算有窜头。于是为了要有窜头,投机生意,便大盛特盛。果然有的人,一天内,赚得翻倒,一个穷光蛋,不多几天,便变成富翁了。这叫做有窜头。一个乡下小姑娘,面貌生得还端正,有人带她到上海,给她打扮打扮,学了几个月跳舞,便去做舞女,果然一跳而红。一个拖鼻涕女孩子,不多几天,就成为红舞女了,这也是有窜头。这社会上,有窜头的人,能有多少?有的人,本领虽好,竟会一世没没无闻,一些没有窜头。有的人,刚有窜头,不知怎样一来,又跌下去了,这个窜不足,等于未窜。常言道:爬得高,跌得重。有窜头的人,要防一朝跌下来。他的跌交,比没有窜头的人,跌起来更重,煊赫一时的人,忽而弄到枪毙的,也很多很多。所以平心而论:一个人还是不要有窜头,来得平稳而安全。

二三六 有难过

有难过，分生理上心理上两种。生理上肚里有难过，只消对症服药，即可消灭。至于心理上的难过，关在肚里，非达到目的，这难过总不会消灭的。现在所谈，属于后者。这心理上的难过，并不是独立的必定对于他人而言。譬如甲对乙，肚里有难过，或对丙对丁戊等有难过。难过的发生，或者意见冲突，利害冲突，说又说不出口，只好闷在肚里，肚里就有了难过了。甲对乙肚里有了难过，便处处都要发挥这难过了。他对于乙就会常常的妨碍了。或者去减抑乙的势力，或者去破坏反对乙的计划主张，或者去宣传乙的短处，种种地方与乙为难。如果乙不知不觉，那倒还好，万一一朝发现了甲对他有所不利，乙当然有乙的对付方法了。火气大一点的人，立刻就会与甲冲突。心气和平的人，心里就要想到甲不知什么缘故与我有难过？于是邀一个第三者出来，双方叫一叫开。甲在此时，可以把难过的原因说出来，如果出于误会，当然付诸一笑，假使曲在一方，乙可以当场赔罪，把这件事情了结清楚。

面和心不和，就是有难过的表现。如果甲乙双方，已经成了一对仇人，那是冤家了，也谈不上什么有难过。必须双方还在交际，见了面依然客客气气，正所谓当面笑呵呵，背后毒蛇窝，而肚子里处处做工夫，要与对方为难，这才是有难过。

爽直的人，肚里不会有难过，对于他人，有什么不满意的地方，他可以当场开销，直言谈讲的。所以有难过的人，都是肚子狭窄而气量小的人，而且往往又是会计算人家的人，所以心中有了难过，将来就会弄出事情来的。杀身之祸，说不定他最初的原因，不过心里有难过罢了。

二三七 拉皮条

月下老人专管世间男女之事，他手中有无数的红丝，只消一根红丝，在一男一女的足上一系，这一男一女，将来就可以结为夫妇，即使二人相隔数千里，也会聚在一起的。月下老人是一位神，所以他有这样的力量，这样的法术，而他的红丝，又会这样的厉害。人间也有专门拉拢男女的，凡人当然比不上神仙，他们手里没有红丝，因此称为拉皮条。有伸缩性的红丝，是一件法宝，皮条也有伸缩性，所以能拉皮条？但并非真有此物，不过形容而已。一男一女，如果距离太远，条件太差，双方不易接近，只消用这皮条来拉拢，皮条渐渐收短，两个人就接近了。

专门拉皮条的人，叫做皮条客人。皮条客人只要夹袋里货色多，生意自会发达。三十年前，上海著名的皮条客人，叫做薛大块头，是个痴肥的中年妇人，据说是倪墨耕的姘妇。她的拉皮条生意，兴隆之至。那些痴男怨女，只消到他那里先去登记，怎样登记呢？就是认她为干娘。因此，她的干儿子干女儿，总有好几百人，而且都是中上人家的人。如果把所须何等对象，告诉了她，她就可以给你去挑选。若然对方也觉得满意，这一男一女的皮条，就拉成功了。薛大块头家里，有好几间收拾得很精雅的房间，专门给这些已经拉拢的男女使用的。她拉皮条的酬劳，也无一定，当然因人而异。在她那里借房间，那另外要算房金的。后来薛大块头一死，继起无人，同时韩庄逐渐发达，化整为零，贵族化一变而为平民化。拉皮条的手续，也没有从前那么复杂。近来市场上流行对敲，更用不着拉皮条了。

二三八 穷打阿二头

父母的对于子女，大概最爱的是一个阿大，所以对于阿二，往往不很喜欢。有了七八个孩子时，那最小的一个，却又易会被父母钟爱。如果一个家庭中，有阿大阿二两个孩子的话，那末，往往新衣裳给阿大穿，好的东西给阿大吃，阿二都轮不到。阿二只好穿阿大穿过的旧衣裳，阿二只好吃阿大吃剩的食物。万一两个孩子闯了什么祸，父母往往不去责备阿大，而老是把阿二大骂一顿，或大打一顿，总言一句：家庭中最倒霉的，是阿二。出了什么事情，不管三七二十一，老是把阿二打一顿，这就叫做穷打阿二头。

穷打阿二头，仿佛是一个公式，上面的穷字，是形容词。中间的打字，是动词。下面的阿二头，是名词。此公式中，独有这动词，是可以活用，可以变换的。倒如穷骂阿二头，穷吃阿二头，穷看阿二头之类。

这句话的应用，就是代替着"滥干"二字。一个人一口气连打了二三十个电话，就说："我今天穷打阿二头。"这阿二头，便是电话了。老板到店里来看看，说这样不好，那样不好，将店中上上下下，都训斥一顿，老板去后，大家都说："老板今朝火气大来，到店里来穷骂阿二头"。老张一向吝啬，买了东西，不肯请客，总是独自一人吃的。有一天，被人发现他同一个女朋友，在电影院里看电影。于是大家敲竹杠，硬要他请客，一同了到馆子里，个个狼吞虎咽，大吃特吃，这叫做穷吃阿二头。老张便成了阿二头了。小王由亲戚做媒，星期日，约在复兴公园相亲，听说对方，是个护士。小王的一班朋友知道了，那一天，十几个人，一齐到复兴公园，混在小王旁边，把那位小姐，横看竖看，左看右看，这叫做穷看阿二头，看得那位小姐交关难为情。

二三九 吃乖血

凡人自恃聪明，趁人未曾想到而自己想出一个自己有利的方法来，叫做吃乖血。吃血不难，吃乖血就难，这世界是弱肉强食的世界，要想生存在这世上，无非吃人肉吸人血而已。吸血是小动作，差不多人人会的；不过要吸乖血，那就非自己发明不可。

试举几个例：叶老七本来是个守法的人，一向很循规蹈矩，自从实行了排班以来，他总是去排在末尾，等着渐渐前进，从来不肯"偷屎乖"而去做插班生，或者在排到不整齐处，来一个混进大名府，他总是老老实实的等候，即使要等一二小时，他也不怕，老是带一本书去消遣消遣。后来他生气了。他并非不肯排班，他见往往有身穿制服的人，不用排班，便直接进去，抢在排头之前，一忽儿工夫，事情就完了。谁都不敢向他理论。老七经过了好几次刺激，他也会吃乖血，他在旧货摊上去买了一件旧制服，也照样不排班，可以抢先进去了。上海各电台，有什么善举的特别节目，往往是联合播送的，由一家电台播音，其他电台一齐停止，使听众们收不到别处，自然只听这家播音，办法相当完善，这是各电台开会时议决的；不料到了那一天，会有吃乖血的电台，他独自在那里大卖其烂肥皂，他想人家停止播音，我落得捞一票了。张老头在年轻时，作恶多端，到了六十岁，自己很忏悔：但是正苦着没有办法。有一天，东岳庙的王道士，与他闲谈，告诉他：一个人自愿死后在东岳大帝下面当一名差役的话，现在可以先行登记。张老头一想：我死后必入地狱，如果可以在东岳大帝下面，当了差役，吃了衙门饭，还怕什么！不是与在日本宪兵队当一个密探,一样有势力么?因此,张老头便要求王道士给他登记。他自愿死后做阴皂隶,这是张老头吃乖血,打算死后避免入地狱。王道士,就跟张老头打醮,办手续,张老头花了一笔很大的钱,实在王道士也是吃乖血,他晓得张老头心里很想懊悔,所以来这一记的。

二四〇 色 霉

酱油之发霉，原因往往不在本身。酱油之制成一定使他防止发霉。所以酱油在厂中，决不发霉；但一到人家去，因着保藏不得其法，就会发霉了。例如地方太潮湿，太热，有生水入内，空气中有霉菌飞入，都易致发霉。所以外行的人酱油霉了，都以为酱油不好，而从内行的人说来，酱油无罪，这是人家累及他的。

"色不迷人人自迷"，实在是无稽之谈。我们试想："见色而起淫心"，这才是色霉。见了一个美貌佳人，于是心里要爱慕她，要想接近她了。假使看见了一个发白齿落的老太婆，也会色迷迷么？看见了一个眼瞎口歪的丑女子，也会色迷迷么？断断不会的。我们再看了酱油之自己不会霉而被使用之人不知保藏之道累及他发霉，更可以知道"色不迷人人自迷"一语，完全不对，而且完全相反，应当改为"色会迷人人不迷"，亦即"色会霉人人不霉"。一个人不见美色，决不会霉，自己独坐在书房之中，眼睛里看不见一个美人，万万不会霉的。霉者，霉也。一个人见了美色，便起淫心，这好比科学家培养霉菌，只消用一根白金丝，一端触一些霉头，送入玻璃管中，不多几天，玻璃管中，可以全部发霉。所以一个人为了一个女子，如果被这女子来跟他缠扰这么一下，他就会渐渐倒霉，弄得诸事发霉，一霉而无不霉矣。

二四一　避锋头

避锋头亦作避风头。白相人闯了什么祸,拆了什么烂污,而前途尝追究得很紧,于是抱英雄不吃眼前亏的主义,只好度孵豆芽生活,这叫做避锋头。有的人犯了什么案子,一时风声很紧,自己晓得难免要跌囚牢,于是只好悄悄地滑脚,逃得不知去向,这也是避风头。

避风头本来是白相人地界的家常便饭,谁也不肯挺身而出的,不过在最近的十年内,避风头也"向上"了。连政治舞台上的人,也学会了这下流腔了。在日本兵进攻中国后,那些沦陷的地方,有许多官场中人,一时逃不到后方去,便移名改姓的躲在亭子间里避风头,怕被日本宪兵队捉去。到胜利以后,这些人才出头露面,但同时那些高呼东亚新秩序的汉奸们,又都逃得一个也不见。

一个有些身价的人,接到了一封匿名信,而信中附有子弹一颗,他就要避避风头,或者雇用一个保镖了。设或有人听到了,将被人抛丹佬,他也只好暂避风头,或者雇用保镖,如果一个人锋芒太露,即易遭人嫉妒,说不定会遇到暗算。假使得到一些消息,便应当自己识相而避避风头;万一自己大意,或者无所恐惧,那就说不定马上会吃眼前亏。所以避风头的举动,并不卑鄙,识时务者为俊杰。遇到这种情形,还是做做俊杰的好!

二四二　走　样

走样一语，可分前后二期：前期是形容词，后期为动词。前期的走样，指东西而言。凡一样东西，敝旧了，用坏了，不像新的时候那么的好看了，这叫做"走样了。"就是说：本来的样子，不是这样的，本来是毕挺的，现在弄得一团糟了，这就是走样。

后来走样一语，变作指人而言。譬如说："陈阿根西装毕挺，像煞有介事，欠仔穷爷格钞票弗还，穷爷今天一定走伊格样。"这就是说：今天为了讨不到债，打他一顿，打得他毕挺的西装，变成卵泡皮的样子。于是神气活现的陈阿根，弄得垂头丧气，不是走了样子么？

这里所谈，尽属后者：胡师母打听得自己的男人，姘了一个某公司的女店员。胡师母怀恨在心，总想报复。有一天星期日，胡师母到复兴公园去玩，正撞见自己的丈夫与那女店员，携手而行。胡师母便赶将上去，她是个粗脚大手的人，气力又很蛮，她就把那女店员乱打。其时胡先生见了雌老虎，早已溜到东面动物园去了。所以那女店员，既无帮手，自己又打不过胡师母，真打得大走其样。头发也乱了，旗袍也扯破了，高跟皮鞋，只剩一只。游园的人，见了这狼狈的神气，无不哑然失笑。那女店员进园门时，真是一个摩登女子，现在差不多像难民了。这一顿生活，叫做走样。阿芳近来升梢哉。脱下破衣服，现在居然穿起个长衫来了。而他对于一班苦朋友，竟摆起架子来了，非但不去理他们，背后还要骂他们臭毕三。这样一来，自然这一班苦弟兄不服贴，大家商量下来，要想做他一做了。有一天，阿芳打扮得花花公子一般，在马路上经过；不料路旁闪出一群小毕三来，将阿芳按倒在地，打倒没有怎么打，只把他身上的衣服，扯得像百脚旗一般，连裤子也扯破了，真是大大的走样。

二四三 | 呕霸

霸即钱财,在第一一九图"劈霸"项下,已经谈过。呕霸,就是说把钱呕出来。还不是指应该拿的钱财,如生意上的获利,或劳动者的所得。此乃专指非义之财。凡得了非义之财,或偷或抢,或诈取,或强占,一朝被人知道了,逼着他还出来,仿佛如吞下肚的食物,要他呕吐出来,这就叫做呕霸。

试观日本人,战时在中国,凡值钱的东西,样样都要心焦心焦,拿回国去。他们连火车轮船,以及工厂设备,也都会运回去,东也搜刮,西也搬运,在沦陷区中,可以说一声凡是他所要的,都拿了去了。不料他一朝战败,便服服贴贴,以前拿去的值钱的东西,都只好呕出来,连皇宫里皇帝拿了去做他私产的,也只得吐出来。这些值钱的东西,一一吐出来,也可以称呕霸。

胜利后一班接收仁兄,表面上替国家接收,其实,是先给自己接收。可以拿的,先入私囊,或者拿政府所接收之物,变卖而归自己,仓库中出空了,就放一把火。这些事情,一朝东窗事发,大则枪毙,小则呕霸。

战后的贪污盛行,可以说接收朋友,做了开路先锋。从此,各机关贪污之风,大大流行,背景硬的,当然安如泰山,手段不高的,便弄到赤老蹦而呕霸。以上都是大模大样的人呕霸,当然相当伟大。至于马路上的小毕三,偷了人家皮夹子而呕霸,或是小光棍在小菜场骗了娘姨们的金戒指而呕霸,那真小巫见大巫,从大人先生看来,太不像样了。此后最伟大的呕霸,便是清算贪官污吏了。

二四四 合药

合药之合字,应读如葛。合药亦称"合毒药"。盖一切良药,不在此例也。西药合药,比较郑重,须有药师负责,而药师都领有执照,一点不能马虎,不比得中药的合药,只消标明"存心自有天知",自己就可以不负一些责任了。俗语所谓合药,与"开方子"一语,有连带关系。开方子即设计,先□一个计划,第二步就是"合药",这所谓开方子,所谓合药,大都是算计人家,给人家吃苦头,所以合药亦称合毒药,决不是合了王道良药,为人治病也。

王八爷跟赵三爷有难过,王八爷一定要报复一下,他自己先开方子,晓得赵三爷现在全靠某头脑的牌头,所以他敢在外面张牙舞爪,成一种恶势力。王八爷开的方子,就是先要使赵三爷与某头脑脱离关系,他开了这张方子,便叫他自己三位徒弟来合药,那三位徒弟便想出一个具体的办法。原来某头脑的一个副官,和他们三个中的一个,是拜过把子的兄弟,于是就与这位副官商量,□这副官常常在头脑旁边,说赵三爷的坏话,一而再,再而三的破坏赵三爷。自然头脑对他就冷谈了。赵三爷失去了恶势力的背景,自然"墙倒众人推",王八爷不必自己出面,只消向四面放野火,自然有人会去打倒赵三爷,这一剂毒药合得相当厉害。

小而言之:妓女们对于嫖客,不能专靠做花头,必须在花头之外,砍一下斧头,这也全靠开方子合药。妓女看见客人可以下药,就愁眉不展,或假装病痛,或故意骂人,或暗暗哭泣,客人一见,当然要问,盘问再三,她方始说出原由来,客人拍拍胸脯,说一声包在我身上。这一服药,就有效了;但这种药方的合法,千变万化,并无一定。妓女旁边的阿姨小阿媛,都是合药的药剂生,她们在旁边,帮着一吹一唱,处处不露痕迹,这药才合得成功。

二四五 放野火

到了冬天,荒野中地上的青草,都干枯了。有些好事的人,点一个火在干枯的草上,草就烧起来了。于是越烧越大,面积只管扩大,可以延烧及草屋,延烧及树林。正所谓星星之火,可以燎原。这就叫放野火。放野火是不负责任的行为,所以凡是不出面而不负责任的苟当,叫做放野火。

冬夜坐在草地上抽香烟,顺便把自来火在草上点个火,自己就走开了。走了数十步,回头看看,见火势渐大,烧成一大片,这不负责任的人,看看自己的成绩,不免笑笑。闯了这样一个大祸,但谁能晓得是我干的呢?现在的投机市场上,独多这些放野火的人。他忽然造一个谣言,说得很像煞有介事,于是人家信以为真,市场上便大起风浪,张到登峰造极,形势非常险恶。而这位放野火朋友,晓得自己的谣言有效,好比坐在云端里看相打,一个人自得其乐。到第二天,大家晓得消息不确,便大跌特跌,也查不出这谣言是谁造出来的!过一天,此人又可以放第二次野火了。

"吹皱一池春水,干卿底事?"这就是指放野火的作风。譬如有人看见某寡妇与某先生在谈话,于是此人就借此因头,大放其野火,说他们二人有染。而且再造出种种事实来,说得头头是道,听得人家津津有味。这样一来,人言啧啧,便成了公开的秘密了。有一天,这消息传到了那寡妇耳中去,真是有口难分,她又无法向人辩解,只有悬梁自尽,以表示她的清白,拿死来证明,便可以打破这野火的势力了。如果这寡妇是个开通一点的女子,她知道有人放野火,她索性与某先生结婚,这谣言也可以不生效力了。这叫做野火烧不尽,春风吹又生。前者后者□有事实,不仅是举例。

二四六 | 噱 头

噱头一语,也有前后二期。前期之噱头,凡滑稽的言语,滑稽的动作,均称噱头。因着笑料的强弱,还有大噱头小噱头之分。噱头亦作血头,"乡下人不识红帽子",叫做血。后期之噱头,指新鲜的骗人玩意儿。昔日里称霍头,近来也称噱头了。现在所谈的噱头,属于后者。

周老二有一天,哭出乌拉向朋友处去借钱,说道:家里有信来,他父亲死了。那些朋友,自然不能不周济他一下。果然周老二拿了钱,回到乡下去了,大家不见他了。其实,他并没走,新近认识了一只小寡老,要租小房子,没有钱,所以来这么一记噱头。总算钱被他噱进了,不料朋友之中,有一个叫胡老大的,是他同乡,胡老大回到家乡去,在小茶馆里,遇到周老二的父亲。幸亏是白天,若在黑夜,还要当是鬼出现呢。于是胡老大告诉了众朋友,众朋友才知道周老二的丧父,是个噱头。

大学生华某,吃喝嫖赌,亏空甚多。常常写信给乡下父亲要钱,而每次信中,总要摆些噱头。去年问父亲要一笔大款子,说是结婚。今年又要一笔钱,说是生了孩子,其实全是噱头,他还是一个单身;不料有一天,忽然接到父亲的信,父亲要来看看自己的孙子,想到上海来了。华某心里一着急,只好再来一记噱头。他跟二房东家里的小大姐阿巧商量,叫她假扮自己的老婆,许他做一件新旗袍。又向隔壁人家去借了一个孩子来,冒充自己的儿子。果然父亲来了,手里还拿了许多玩具,一见儿媳跟孩子,非常高兴。忽然小孩因为环境陌生,哭了。老父要媳妇喂奶,阿巧不肯,而邻家的主妇,听得哭声,便来讨还孩子。这大噱头,便拆穿了。

二四七 养 相

在第一百九十九图,谈过"装洋吃相",现在这养相的相,即装洋吃相之相。相者,老白相也,乃"相富"二字之简称。凡一个光棍,要想在外面混饭吃,就打也来,抢也来,无所不为,等到混了一个时期,肚子吃得饱了,身上衣服也穿得整齐了。于是不大肯再放出以前那种穷凶极恶的态度来了,一定要装得很和善,使人家看不出他什么出身,这就叫养相。养成相富也。一等的穷光蛋,到有了几个钱,有了一些年纪,他往往要养相了。养相之法,当然各有巧妙不同,最普通的,他装出吃素念佛的态度,说不定他心中忏悔往事而真心吃素念佛,也是有的。而装腔做势,也未尝没有。有的出外,手里还拿着一串念珠,常常出入于乩坛,有的参加各种慈善事业,略为花多少钱捐款,报纸上可以常常看见他的大名。他能够把款子经经手,自然老脾气又会发作的。

相,本来是外表面的事,而养相,就是装腔做势,专门做给人家看的,无非假装成一个好人罢了。其实他的私生活,还是不堪,姘头小老婆,弄了许多,人家看不见的坏事情,还是要做,有横荡可捞,还是要捞,不过他装做一本正经,人家往往不去疑心他,这是养相的好处。倘使有什么以前的小弟兄,相打相骂,或是有什么黑吃黑的生意,要他出来领头,他总是谢绝不干,而且劝他们不要干,做出一副慈悲心肠。其实他是现在有吃有穿,不必这么干了,所以落得如此假装善人。如果一朝破了产,他又肯再来一下了。养相期间,打他一拳,他决不还手,只会对你笑笑。

二四八 | **溜屁眼**

正在进行一件事情；不料有人知道了，他头子活，就去钻，一钻就成功，这就叫溜屁眼。他本来不想做这件事，不过听得某人正在进行此事，他念头一转，觉得我也大可以做得。于是抢步上前，就夺了下来，溜人家的屁眼，溜成功了。那被溜的人，当然难过，好好的正在进行，想不到忽被他人得到消息，先抢了去，真有一种难言之隐痛，似痛非痛，似痒非痒，着实有些好像。

××剧场，正苦着没有台柱花旦，而本来唱着的旦角，合同期满，将赴外埠，无法继续了。于是有人动脑筋，打算去请退隐中的某坤旦。她本有相当号召力，惜乎人家把她忘了。因此，即忙派人去接洽，某坤旦静极思动，倒也有意思，想不到这消息，被某舞台知道了。他们晓得××剧场请到了某坤旦，我们必受影响，不如先下手为强，我们也去进行。好在股东中，有一位顾八奶奶，乃这某坤旦的过房娘，所以一度接洽，已把定洋付下了。××剧场屁眼被溜，真是说不出的哑苦。

张德凯买了一所新洋房，可惜不出马路，须由隔壁弄内出入。有人献计说：如果把前面煤炭店的房屋，也一起买了下来，拆去房屋，扩大花园，大门可以开在马路上了。于是张德凯便去进行，购买煤炭店房屋。不料他的冤家朱得俊知道了，便出了重价，先把那煤炭店房屋买下来，张德凯知道了，晓得屁眼被溜，竟毫无办法，只好永远在西面小弄内出进。

二四九 吹牛腮

吹牛屄一语,由来巴久,而流行亦广,几乎全国通行,而且无分富贵穷贱,谁都会说"吹牛屄"这句话。到底这一个动作,太不雅了。因此,除了下等人外,吹牛屄一语,说起来,都有些启动了。

有的人改称为"吹牛皮",字面上似乎好看些,其实,声音还是相似,也雅不到那里,还有那些吃素念佛的人,称为"吹牛风",他们吃了素,不肯把自己的口,接触到牛的身上去,当然很好,便吹牛风,似乎与原语木风马牛了。单官场中,到底是书卷气了,他们割去来一字,叫做"吹牛",这就高明了。吹牛拍马,是官场中一副好对联,两句好秘诀,略去来一个字,倒也听起来不刺耳了。还有人硬改为"鼠牛比",这未免太勉强,所以难以通行。日本人称为"吹法螺",意味虽同,完全与牛没有关系。

我最恨妇人女子口中,常说"吹牛屄",令人听了,尤为恶劣。最近不知由那一位向上主义者,改此语为"吹牛腮"。(有人作吹牛三,实误。)他不吹下身,吹到牛头上去,吹他的腮,这句话,大概是一位喜欢接吻的朋友发明的。与牛小姐接吻,就是把他吹吹,倒也还不十分恶劣。

听范雪君说书,他常有"吹牛屄"一语,可见她也是一位向上主义者,反对这种恶劣的下层工作的,苏州人称善于吹牛的人,叫做"牛王庙董事",到也很大方,似乎比"牛皮公司总经理",略胜一分。

二五〇 二百五

戏剧蝴蝶梦里,花了二百五十文,买了一个童男来,这童男,是人扮的,他扮得呆头呆脑,一动也不能动,一切由人摆布。在戏里,这童男的名儿,就叫做二百五。因为他的价值,只有二百五十文。

我们俗语中的所谓二百五,来源就在此,不过对人用到这句话,却并不是说他的价值,只有二百五十文,而是说他呆头呆脑,一切由他人摆布,自己宛似一个泥塑的木雕的纸扎的罢了。

老刘与老王,合开一店,言明资本各人一半;但老王如数拿了出来,老刘到店开了门,还没把自己的股资拿出来。而且店内一切大权,都由老刘一手包办,老王差不多无权过问。于是朋友们都说:"操伊拉格!老刘真拿老王当二百五!"

小开张大官,由一个跟屁头的小朱介绍,认得了一个舞女陈莉莉,于是租起小房子来,好在小开有钱,而小朱很能干,一切由小朱去办。小房子里,小开虽然常常去,而小开不去的时候,总由小朱陪伴着陈莉莉。后来小开想想,怨起来了:"这陈莉莉,明明是小朱的龙头,现在一切开销由我来,而他们二人,倒在小房子里享受。他倒真把我当二百五了"。小开一气,就断绝小房子的经济关系,不干了。

世上多二百五,更多把人当作二百五。而且做二百五的人,都不会觉悟,所以二百五往往会做到底。(全部完,明天刊:结束谈。)

结束谈

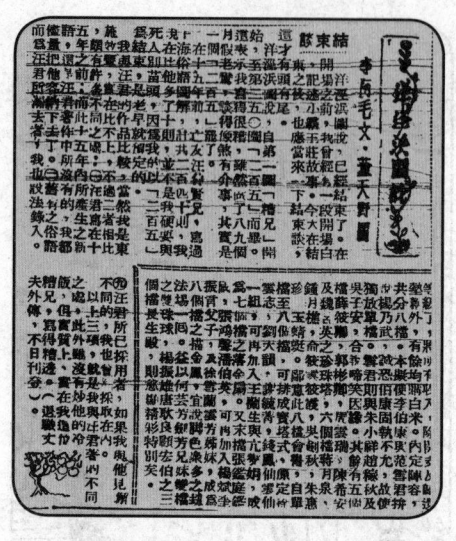

洋泾浜图说，已经结束了。在开场之前，我曾经有一段开场白，记述小霸王庄故事。今天在结束之后，也应当来一下结束谈，这才有头有尾。

洋泾浜图说，自第一图"糟兄"开始，至第二五〇图"二百五"而毕。这表示我写得很糟，虽然做了八九个月假老鸹，谈得像煞有介事，其实是一个"二百五"罢了。

在十五年前，亡友汪仲贤兄，写过上海俗语图解，计共二百四十则，我现在比他多了十则，并不是我硬要与死人别苗头，因为我的以"二百五"为结束，是老早就预定的。

我与汪君的作品比较，当然我是东施效颦，实在比不上，不过二者相比，颇有许多不同之处：㈠汪君写在十五年之前，而此十五年内所产生之新语，这是汪君著作中所没有的，我都尽量把他容纳下去了。㈡旧有之俗语而为汪君所漏去者，我也设法录入。㈢汪君所已采用者，如果我与他见解不同的，我也曾都采取在内。

以上三项，就是我与汪君著的不同之处，此外虽没有炒他的冷饭，但实质上，实在我这位糟兄，写得糟透。

附　篇目笔画索引

PAWN　46
一〇一　101
一只袜　116
一脚踢　75
二百五　253
三吓头　213
三点水　15
工钿　97
大亨　52
大物事　207
小儿科　79
小开　8
小抖乱　144
小房子　171
飞机头　197
王牌　80
开方子　96
开后门　88
开花　86
开条斧　127
天晓得　222
扎硬　148
太平山门　56

牙签　7
户头　103
末老　12
打过明白　41
打朋　232
打野鸡　202
叫开　206
另有一功　131
生意浪　182
失风　154
白老虎　107
白虎　155
白相人嫂嫂　162
甩翎子　141
半刁子　95
头子活　218
弗尖俏　216
弗推板　223
弗领盆　37
弗摸鸾　57
弗塞头　211
出风头　203
出松　33

发甲　192
发嗲　73
老大　22
老口失匹　25
老门槛　106
老毛　10
老爷　60
老枪　165
老举　176
老举三　74
老调　227
过期票子　117
有种　83
有难过　238
灰钿　87
光棍　136
吓坏人　62
虫囊子　204
吊儿郎当　81
吊膀子　168
吃斗　140
吃生活　94
吃闪　111

吃价 42	扮跌相 69	卖样三千 194
吃血 118	花瓶 139	败兆 149
吃豆腐 63	杠皮 76	刮皮 109
吃乖血 241	极灵牌 135	和老 219
吃相 195	还槽 123	和调 132
吃冤家 185	呕霸 246	受黄 231
吃屑 105	吹牛腮 252	受触 82
吃排头 13	囤乱 78	服贴 108
吃得开 129	别头寸 68	狗皮倒灶 147
吃得死脱 17	别苗头 193	放龙 71
吃得光 177	乱人 201	放野火 248
吃精码子 200	邱路角 64	炒冷饭 205
吃瘪 5	伸梢 180	定头货 163
先生 173	犹太 160	屈死 236
自说自话 21	角落山姆 215	带歪 174
血血叫 38	卵子劲 175	勃头颈 44
合药 247	卵皮面孔 93	咸肉 130
名件 85	冷气黄鱼 59	牵丝 226
色霉 243	闲话一句 181	削老 134
交落 49	穷打阿二头 240	看过看伤 84
闯穷祸 187	穷爷 11	鬼讨好 90
讲经头 9	穷并包 35	急棍 152
寿星寡老 172	识相 138	养相 250
吞头 6	阿桂姐 18	派头九十六 67
吞头 183	拔苗头 53	洋盘 27
走开 210	拖车 16	屎裤子 164
走油 104	顶山头 125	泰山 92
走样 245	拉皮条 239	捞横荡 166
赤老 184	拉台子 153	赶猪猡 208
赤老蹦 110	茄门 28	起码人 188

换季 214	宿货 20	摆堆老 26
热络 89	弹琴 77	照子过腔 43
挨城门 32	弹硬 113	照会 128
夏侯惇 178	搭壳子 39	照牌头 14
鸭屎臭 158	搭脉 145	跟屁头 190
贼腔 3	搭浆 157	锡箔灰 169
臭盘 23	揩油 161	魁色 34
臭混俏 220	插蜡烛 122	触铲 142
臭嘴 133	搀依瞎子 217	触祭 4
拿橘 146	搁血 48	触壁脚 36
翁中 31	搅七拈三 115	溜屁眼 251
斋爸 234	落门落槛 47	摘台型 66
海外 159	落胃 137	蜡烛 50
浪点子 156	朝阳码子 120	孵豆芽 65
朗声 99	酥桃子 61	横斗 126
调枪虾 186	硬伤 30	横竖横 143
谈老三 225	硬黄 91	瞎乱斗 114
通天 229	跌囚牢 45	踢皮球 196
黄牛 29	黑吃黑 221	劈霸 119
黄陆 233	程麻皮房子 150	燕子窠 189
黄坤山 72	装由头 55	霍血 209
萝卜头 19	装洋 98	嘴五舌六 70
戚门陆氏 58	装洋吃相 198	噱头 249
眼开眼闭 224	温功 54	避锋头 244
崇腔 191	滑显 121	糟兄 2
兜得转 212	滑脚 170	豁边 102
假老鸢 24	窜头 237	翻门槛 112
脚踬脚 167	填刀头 179	翻底牌 151
脱底 40	揎眼药 100	蟹脚 230
剪边 124	摆华容道 51	